잉카에서 탱고까지
라틴의 매혹에 빠지다

이형철

큰꿈출판사

머리말

*여행은 누군가를 만나 관심을 갖고
끌리게 되면 보고 싶은 열병으로
그냥 있을 수 없는 연애와도 같다.*

잡다한 생각이 머리 속에 자리잡지 않도록 한다. 이곳저곳 기웃기웃 하거나, 이 사람 저 사람 만나는 것은 피한다. 욕망의 시작을 살펴서 허망함을 깨닫고, 끌려 다니지 않는다. 시간의 흐름이 갈수록 빨라지고 있다고 느껴지면서, 그 소중함이 절절히 가슴에 와 닿는다. 그러나, 시간관리에 지나치게 얽매이지 않고, 유유자적하는 삶을 살아간다. 뭉텅이 활동의 앞으로나 뒤로 생기는 자투리 시간이 그저 지나가도 괘념치 않는다.

졸업을 했으니, 현역 때처럼 숨가쁘게 달려갈 필요는 없다. 이루고자 하는 일이나, 갖고 싶은 것들에 대하여도 곱씹어본다. 해야만 하는 일이나, 하고 싶은 것들을 최소화하여 일과로 삼는다. 욕구는 덜어내고, 신변을 정리하면서, 간소한 일상이 되도록 한다.
틀에 짜여진 일상은 단순하고, 편안하며, 지속적으로 실천하는 것이 그다지 어렵지 않다. 남들이 보기에는 다람쥐가 쳇바퀴를 돌 듯 판박이 같은 나날이지만, 나름 쌓아온 미니멀(Minimal)한 삶을 살아내는 일은 매일의 과제이다. 이러한 자세를 지향하면서, 매일매일 애쓰다 보니 일상이 점차 자리 잡히면서, 이제는 의식화 (Ritual) 수준에 이르렀다고 믿고 싶다. 일상에 여행이 끼어들면 상황은 완전히 달라진다. 규칙적이고 의식화된 일상에서 벗어나려는 시도가 여행이기 때문이다. 여행은 어렵사리 구축한 의식을 적지 않은 돈을 쓰면서 주도적으로 무너뜨리고, 훼손하는 행위이다. 공들여 쌓은 일상의 탑을 허물어 버리면서까지 여행을 떠나려는 것은 무엇 때문인가?

누군가는 닥터 지바고를 읽고 눈 덮인 시베리아를 횡단하는 열차 여행을 꿈꾼다. 어떤 사람은 영화 반지의 제왕을 보고, 거친 암석과 야생자연의 풍경에 빠져서 영화의 배경 무대인 뉴질랜드로 여행을 떠나고 싶어한다. 타고난 방랑벽으로 여행을 가는 이도 있다. 여행으로 이끄는 동기는 각양각색이어서 단순하게 말할 수는 없다.
공통점이 있다면 우연하게 접한 그 무엇이 여행의 시발점이 된다. 마음을 끄는 경치나, 사람살이의 모습에 끌려 관심을 갖고 점차 알아가다 보니 어느 덧 그곳에 있는 자연과 사람들이 손짓을 한다. 만나고 싶다는 신호를 보내면, 보고 싶음과 가슴 부풀어 오름으로 더 이상 가만히 앉아 있을 수 없다. 누군가를 만나, 관심을 갖고, 끌리게 되면 보고 싶은 열병으로 그냥 있을 수 없는 연애 같은 것이 여행이다.
여행은 새로운 세상에 대한 설렘, 낯선 체험에 대한 기대, 모험에 따르는 짜릿함이 버무려져 사랑스런 연인처럼 유혹한다. 지금까지 실천해 온 일상의 의식화를 새롭게 높일 수 있을지도 모른다는 부풀어진 기대까지 더해지면서 여행은 한껏 나를 끌어당긴다.

여행은 삶을 알아가는 학교이다. 여행자는 학생으로서 각자의 소양과 역량에 따라 인생을 깨우칠 것이다. 격하게 느끼고 많이 배우는 사람도 있다. 소소하게 즐기는 사람도 있다. 성적을 매기는 것도 아니고, 누가 평가하는 것도 아니다. 여행지에 대해 많은 배경 지식이 있고, 감각의 촉수가 예민한 사람은 더 넓게 보고, 깊은 감동을 느낄 수 있어, 여행의 만족감이 높아질 것이다. 아는 만큼 보고, 보는 만큼 즐기는 놀이로 남미 여행을 떠나본다.

남미는 많은 사람들처럼 나에게 있어서도 한 번은 꼭 가보고 싶은 최고의 여행지이다. 우리나라와는 정반대에 자리잡고 있는 대륙이라서 비행기로 이동하는 데에도 하루 가까이 걸리지만, 서양문명의 원조라 불리는 유럽이나 이를 이어 받은 미국과는 다른, 이국적(Exoticism)인 것들에 흠뻑 빠져 볼 수 있는 곳이다.

 파타고니아의 황홀한 풍광이, 신비한 도시 마추픽추가, 우유니의 소금사막이, 나스카의 지상화가, 칸쿤의 비취 색깔 바다가 각자의 아름다움을 한껏 뽐내면서 와서 보라고 한다. 홀연히 사라진 잉카 제국의 후손들은 선조들이 얼마나 찬란한 문명을 이루었는지에 대하여도 알아달라고 부탁하는 듯하다. 아르헨티나의 춤꾼들은 탱고를 추면서, 쿠바는 룸바 공연을 보여주면서 같이 즐기자고 유혹한다. 더 늦어지면 오래 걸리는 비행 시간으로 가고 싶어도 쉽사리 갈 수 없다. '다리 떨리면 갈 수 없으니, 가슴 떨릴 때 가라'는 위협까지 가세하니 나는 더 이상 머뭇거릴 수 없다.

차례

I. 라틴 아메리카 들어가기
인천 – 벤쿠버 – 멕시코 시티 (1일째 : 돌아보기 여행이란?)   13

II. 본격 여행하기

1. 멕시코(Mexico)
1.1 멕시코시티 : 고대 아즈텍 제국의 수도 (2일째)   18

1.2 신들의 도시 테오티우아칸과 과달루페 성모 성당 (3일째)   30

1.3 칸쿤의 시내 구역 (4일째)   36

1.4 이슬라 무헤레스 섬 : 여인의 섬 (9일째)   40

1.5 사라진 왕국 치첸이트사 (10일째)   46

1.6 원하는 모든 것을 제공하는 All Inclusive (11일째)   54

2. 쿠바(Cuba)
2.1 아바나 입성 (5일째)   62

2.2 체 게베라의 도시, 산타클라라 (6일째)   70

2.3 트리니다드 & 씨엔푸에고스 (7일째)   78

2.4 아바나 시내 구경 (8일째)   88

3. 페루(Peru)

3.1 리마 : 식민지 시대의 건축과
　　신도시가 병존하는 수도(首都) (12일째) 96

3.2 작은 갈라파고스 : 바예스타섬
　　& 이카에서의 사막체험 (13일째) 104

3.3 나스카 지상화 :
　　외계인의 우주정거장? (14일째) 112

3.4 잉카 제국의 수도 :
　　쿠스코 (15일째) 118

3.5 농업 연구소, 암염 산지
　　& 성스러운 계곡 (16일째) 124

3.6 남미의 얼굴 : 마추픽추 (17일째) 130

3.7 만년설이 녹아든
　　에메랄드 빛 우만타이 호수 (18일째) 138

3.8 푸노 & 티티카카 호수 (19일째) 144

4. 볼리비아(Bolivia)

4.1 라파스 들어가기 & 전통예술 관람 (20일째) 152

4.2 라파스 시내구경 (21일째) 160

4.3 우유니 소금사막 (22일째) 166

4.4 비경의 호수 둘러보기 (23일째) 174

4.5 노천온천 & 베르데 호수 (24일째 -1) 182

5. 칠레(Chile)

5.1 달의 계곡 (24일째 - 2)   190

5.2 칠레의 수도, 산티아고 들어가기 (25일째)   192

5.3 산티아고 시내 (26일째)   198

5.4 푸에르또 나탈레드 (27일째)   204

5.5 지구 10대 비경의 하나인 토레스 델 파이네 (28일째)   210

6. 아르헨티나(Argentina)

6.1 엘 칼 라파테 : 빙하들의 국립공원 전진 기지 (29일째)   218

6.2 페리트 모레노 빙하 투어 (30일째)   224

6.3 엘 찰텐 트레킹 (31일째)   230

6.4 비글 해협 (32일째)   236

6.5 티에라 델 푸에고 트레킹 (33일째)   242

6.6 우수아이아 (34일째)   248

6.7 부에노스 아이레스 1 (35일째)   254

6.8 부에노스 아이레스 2 (36일째)   262

6.9 푸에르토 이과수 (37일째)   268

7. 브라질(Brazil)

7.1 포수 두 이구아수 (38일째)   276

7.2 히우 지 자네이루 1 (39일째)   284

7.3 히우 지 자네이루 2 (40일째)   292

7.4 상파울루 (41일째)   298

Ⅲ. 대한민국 들어오기

토론토 - 인천공항 (42~43일째)   302

첫째 날

Ⅰ. 라틴 아메리카 들어가기

인천 – 벤쿠버 – 멕시코시티 (1일째 : 돌아보기 여행이란?)

대한민국에서 라틴 아메리카까지는 우리나라의 어느 도시에서 중남미의 어느 도시까지를 기준으로 하느냐에 따라 몇 천 km까지도 차이가 있을 만큼 먼 거리이고, 라틴 아메리카 또한 넓은 대륙입니다. 직항으로도 한나절이 넘는 비행이니 경유지를 거치는 경우, 거의 하루가 쓰여집니다. 인천공항을 출발한 여객기는 10시간 가까이 비행을 하여 경유지인 벤쿠버에 도착했습니다.

두 시간 남짓 대기하여 비행기를 갈아타고, 다시 6시간 정도를 날아서야 여행의 첫 번째 목적지인 멕시코시티에 도착했습니다. 하루 가까운 시간을 썼지만, 16시간의 비행과 공항에서 대기한 것이 오늘 한 일의 전부입니다. 일지를 남길 별 다른 거리는 없지만, 여행을 풍성하게 누리는 방법에 대한 생각을 나누고 싶습니다.

여행을 다녀보면 매번 만족도가 다르다는 것을 느낄 수 있습니다. 더 높은 만족을 얻으려면 기본을 알고 익히는 것이 필요합니다. 여기서 기본이란, 여행지를 오롯이 누리기 위해서는 같은 곳을 '세 번은 여행해야 한다'는 말을 새기고, 실천하는 것입니다. 세 번의 여행이란 미리보기, 현장 여행, 마지막으로 돌아보기를 말합니다. 미리보기란 현장에 가기 전에 하는 공부를 말합니다. 여행지의 역사, 문화, 예술, 음식과 음료, 명소, 정치적 상황 등 가능한 많은 사전 지식을 갖추는 것입니다.

관련 책자나 유튜브 같은 동영상과 선배 여행자들의 여행기나 경험담도 미리 보기라 할 수 있습니다. 이러한 시청각 자료가 드라마라면 스포일러가 될 수 있어도, 여행에서는 재미를 더해주는 훌륭한 가이드입니다. 나의 경우에는 '올라 중남미: 생활과 문화' 등 중남미 역사와 중남미 여행 책자를 5권 탐독하였습니다. 유튜브에서는 [지구본 연구소], [두선생의 역사공장], [지식브런치], [KBS의 걸어서 세계 속으로] 등에 나오는 중남미 역사와 여행 프로그램을 흥미롭게 시청했습니다.

여러 사람이 같은 곳을 여행했지만, 즐거움을 느끼는 정도는 각자가 다릅니다. 본인이 데리고 온 가이드의 수준이 다르기 때문입니다. 잘 다져진 미리보기는 인문학적 식견이 탁월한 가이드가 여행에 따라 붙는 것과 같습니다. 심미안의 깊이를 더하고, 울림을 증폭시켜 오래도록 마음에 남는 여행이 됩니다. 현장 여행이란 우리가 실제로 가서 보고, 듣고, 느끼고, 때로는 참여한 일련의 활동입니다.

돌아보기는 여행 중 체득했던 것들을 음미하고 되새김하여 행복한 시간을 마음 속 깊이 간직하려는 시도입니다. 여행 중 찍은 사진이나 메모해둔 기록들은 돌아보기의 소중한 재료가 되지요. 여행 중에 바쁜 일정으로 스쳐 지나갔던 것들에 대하여 꼼꼼히 찾아봅니다. 현장의 뒷이야기도 탐색해 봅니다. 호기심이 일었던 것은 깊이 알아봅니다. 본래의 재료에 이런 것들을 양념으로 삼아 함께 버무리면 여행은 농익은 맛으로 변합니다. 이런 깊은 맛을 보기 위하여 때로는 여행에서 보다 더 많은 시간과 에너지가 쓰여지기도 합니다. 돌아보기의 수고로움은 차원이 다른 여행의 풍미를 안겨줄 것입니다.

여행을 통해서 얻은 기쁨이나 환희, 감동, 그리고 신비함마저도 시간이 흐르면 기억의 저편에 아스라이 사라져 버리곤 합니다. 돌아보기 여행이 중남미를 다녀왔던 사람들에게는 소중한 추억을 떠올리는 불쏘시개 같은 역할을 했으면 좋겠습니다. 또한 이곳을 여행하려는 사람들에게는 앞으로의 여행에 깊은 맛을 더할 수 있는 안내서로의 역할을 기대하면서 여행 중 써봤던 일지를 따라 돌아보기를 시작합니다.

II. 본격 여행하기

Part
01.

멕시코 | Mexico

멕시코 시티, 신들의 도시 테오티우아칸과 과달루페 성모 성당,
칸쿤, 이슬라 무헤레스섬,
사라진 왕국 치첸 이사, All Inclusive

둘째 날

1.1 멕시코 시티:
고대 아즈텍 제국의 수도

소깔로 광장 – 예술 궁전 – 메트로 폴리따나 대성당 – 템플로 마요르 – 인류학 박물관
– 차폴테펙 공원 – 디에고 리베라 벽화 박물관

이번 여행은 반(半) 자유 또는 반(半) 패키지 여행입니다. 반 자유란 국가나 도시간 이동과 숙소 및 특정 도시에서의 투어는 여행을 주관하는 곳에서 도움을 주고, 식사와 여타 도시에서는 자유 일정으로 참여자들이 주도권을 가지고 여행을 하는 것입니다. 사전 준비가 잘 되어 있다면 더 많은 것을 보고 느낄 수 있지만, 단체로 행동해야 하는 경우가 상당 부분이기 때문에 온전히 자유롭지는 못합니다.

서울을 여러번 돌다보면 다방면의 것들을 배우고 즐기게 됩니다. 재미있는 것은, 동반하여 여행을 도와준 사람의 전공이 역사인지, 건축인지, 미학인지에 따라 같은 볼거리라도 설명의 깊이가 달라진다는 것입니다. 감동을 받고, 각인되고, 멋지다고 생각되는 것도 여행자의 취향과 관심에 따라 달라집니다. 여행기도 무엇에 초점을 두느냐에 따라 다양한 이야기가 가능할 것입니다. 사진이나 객관적인 사실

들은 알려주는 여행가들이 많으니, 나의 느낌이나 인상, 체험을 주로 담아보고자 합니다.

멕시코시티는 12세기 중반에 아즈텍 민족이 건설한 제국의 수도였습니다. 그 당시의 이름은 '선인장의 땅'이라는 뜻의 테노치티틀란(Tenochtitlan)이었습니다. 선인장 위에 독수리가 앉아있는 땅에서 국가가 탄생할 거라는 전설에서 유래했습니다. 호수 위의 섬에 지어진 도시였으나, 에스파냐가 멕시코시티를 건설하면서 호수 주위를 완전히 매립하였습니다. 지반이 약하여 근래에 와서는 도시철도 건설도 어려웠고, 1985년과 2017년에 두 차례의 큰 지진으로 피해를 입기도 했습니다.

해발 2200m에 자리잡은 도시로서, 우리나라에서 가장 높은 한라산의 1950m보다 300m 가까이 높습니다. 평지보다 산소량이 적어서 폐활량이 생명인 운동선수들의 전지훈련으로 자주 찾는 곳입니다. 고산 증세를 느낄 수도 있는데, 하룻밤을 지나 어느정도 적응이 되어서 고도 차이로 인한 어려움은 느끼지 못했습니다. 중남미 여러 나라의 도시를 여행하면서 깨달은 것 중 하나는 에스파냐가 남미대륙을 점령한 다음에 도시를 건설하는 방식은 정형화되어 있습니다. 도시 중심부에 광장을 만들고 이를 둘러싸고 일제 강점기의 총독부 같은 식민지 지배 관리청, 대성당, 시 청사 등을 배치하는 것입니다. 시내 관광은 대부분 이런 광장에서 시작합니다.

오늘의 일정은 예술 궁전을 지나 '기반석이 있는 곳'이란 뜻의 소깔로(Zocalo) 광장에서 투어를 시작합니다. 예술 궁전은 우리나라의 '예술의 전당' 과 같은 곳으로, 미술 전시장과 오페라 공연장이 있습니다. 백색의 대리석 외벽에 황금색 돔(Dome) 지붕이 얹혀져 인상적인 건물입니다. 시간이 부족한 단기 여행자는 눈길을 끄는 건물의 외양을 보는 것으로 만족해야 합니다. 건물 내부의 멕시코 벽화 미술을 이끈 거장들의 작품 전시와 재미있는 공연 관람은 언감생심입니다.

| 소깔로 광장

'소깔로'라는 이름은 멕시코 독립기념탑의 기반석을 놓는 것에서 연유합니다. 정식 명칭은 헌법 광장입니다. 황제제를 폐지하고, 공화제를 시작한지 200년이 된 것을 기념하려는 의도로 개명된 것입니다. 멕시코시티의 상징인 곳에 이름을 바꾸면 헌법이 더욱 존중되는 것일까요? 정치가들이 벌린 일이라는데, 이들은 쓸데없는 일로 시간을 보내기도 합니다.

이곳을 지나 광장의 북쪽에 자리잡고 있는 메트로폴리따나 대성당을 둘러 보았습니다. 대성당은 에스파냐가 중남미를 점령하고 세운 최초의 건축물로 완공까지 240여년이 걸렸습니다. 오랜 시간에 걸쳐 건설되다 보니, 르네상스에서부터 네오클래식으로 이어지는 다양한 건축양식의 영향을 받았지만, 바로크 양식의 아름답고도 웅장한 성당입니다. 세월이 흘러 매립지가 침하되면서 성당의 한쪽이 기울어져 보수공사가 한창입니다. 성당 외부의 규모도 웅장하지만, 내부를 살펴보아도 착공으로부터 500여년, 준공 후에도 210여년의 세월이 지난 흔적이 느껴집니다.

| 메트로폴리따나 대성당

대성당 인근에는 아즈텍시대의 문명 중심지이자 신전으로 추정되는 템플로 마요르(Templo Mayor)터가 있습니다. 에스파냐가 아메리카를 식민지하는데, 첫 단추를 연 에르난 코르테즈가 1521년에 대성당을 짓기 위하여 파괴한 곳입니다. 점령자가 정복지인 아즈텍의 흔적을 지워버렸는데 오랫동안 땅 속에 잠들어 있다가 전화선 공사로 세상에 알려지게 됩니다. 지금은 발견된 유물들의 전시장과 훼손된 아즈텍 시대의 신전이나 건축물을 볼 수 있습니다.

아즈텍의 신전을 파괴한 석축을 이용하여 대성당을 지었는데, 일본

이 조선의 궁궐을 부순 기둥과 돌들을 조선총독부 등의 건축에 사용한 것도 이런 전례를 본받은 것일까요? 타국을 침탈한 나라의 행태는 점령한 지역의 문화 말살 정책이 기본입니다.

| 핸드메이드 굿즈를 파는 잡화상

| 풀로 연기를 내어 나쁜 기운을 쫓는 의식

대성당 인근에는 잡화상들이 만화 영화 코코에서 나온 해골 등을 팔고 있습니다. 원주민 복장을 한 사람이 일반인을 대상으로 풀을 태워서 연기가 나면 이를 사람들에게 쪼여서, 나쁜 기운을 쫓아내고 복을 빌어주는 우리나라 식의 굿을 하는 모습도 보입니다.

멕시코의 위대한 화가 디에고 리베라가 그린 벽화 '멕시코의 역사'를 보기 위하여 대통령궁을 방문하였습니다. 예약이 금요일에나 가능하여, 포기하고 화장실로 가는데 이층 계단 난간 위로 그의 벽화가 보여서 사진에 담아 보았습니다.

벽화 '멕시코의 역사'는 2층의 대통령궁에 올라가는 계단의 정면과 좌우측에 그려진 그림입니다. 화가는 멕시코의 역사를 고대 마야 문명, 에스파냐 제국주의의 침략과 정복, 독립과 혁명으로 나누었습니다. 각 시대의 특징을 사실적이고 압축적으로 표현하였고, 그림으로 멕시코인의 자부심을 높이고자 하였습니다. 그는 글을 모르는 사람들도 벽화를 보면서 자신들이 갖고 있는 피부색의 열등감에 벗어나, 자존감을 불어넣어 혁명에 참여시키고자 노력했습니다.

| 대통령 궁에 전시된 멕시코의 역사 그림

다음 일정은 국립인류학박물관 방문입니다. 세 팀으로 나누어 택시

에 분승하였는데 도착해 보니 팀 간에 세 배의 요금 차이가 있습니다. 멕시코에서는 아직도 미터기를 조작하여 바가지를 씌우는 악습이 있는 모양입니다. 국립인류학박물관은 인류학에 대한 방대한 자료와 중남미 문명의 기원이라고 볼 수 있는 올멕문명에서부터 1521년에 멸망한 마야문명과 아즈텍문명까지의 유적을 모아 놓은 곳입니다. 전시실만도 35개, 보유한 유물은 60만 점으로 세계적인 박물관으로도 손색이 없습니다.

주어진 시간은 2시간 남짓이니 주요 전시물만 빠르게 둘러보아야 합니다. 박물관 입구에서는 마야인의 우주관을 담아낸 거대한 버섯모양의 돌로 만든 분수가 눈에 뜨입니다.

| 마야인의 우주관을 담은 분수

전시실은 인류학 박물관답게 원시인들의 채집, 사냥 등 일상 생활의

전시에서 시작됩니다. 시대별로 전시실이 나뉘어 있으니, 흥미로운 곳에 집중해 볼 수 있습니다. 귀에 익은 마야나 아즈텍 시대의 유물들이 보다 정교하고, 규모나 유물 수에 있어서도 방대합니다. 흙으로 빚은 대형 접시와 동물 모습에서부터 돌에 새기거나 돌을 다듬어 다양한 기하학적 무늬와 신이나 인간의 모습을 형상화한 유물들이 널려있습니다.

| 신이나 인간의 모습을 형상화한 유물들

가장 눈길을 끄는 것은 제 6실에 전시된 원형의 태양석입니다. 무게가 24톤, 지름이 3.6m 돌판으로서 마야인들이 섬겼을 신의 모습과 여러 형태의 문양이 새겨져 있습니다. 당대의 우주관과 시간관이 표시된 달력으로도 생각되었으나, 제단이나 기념비일 가능성이 높다고 합니다. 전시물은 내부는 물론이고 외부에서도 배치되어 있으며, 전

시실의 안에서 밖으로 나갈 수 있도록 설계되어 있습니다. 외부에는 신전이나 피라미드의 축소판을 만들어 놓았습니다.

| 외부에 놓여있는 피라미드 축소판

절대적으로 시간이 부족한 아쉬움도 있었지만, 설명의 대부분이 에스파냐어로 되어있어서 유물들을 제대로 이해할 수 없어 더욱 안타까웠습니다. 언젠가는 영어 설명서나 우리말 오디오 북이 나오기를 기대해 봅니다.

오후에는 차풀테백공원(Bosque de Chapultepec)을 걸었습니다. 이 공원은 아메리카에서 뉴욕의 센트럴파크 다음으로 큰 공원입니다. 여의도의 두배가 넘는데 멕시코시티에 사는 사람들에게는 허파 같은 역할을 합니다. 숲으로 우거져 맑은 산소를 공급합니다. 공원로를 걷다보면 기념품과 군것질거리를 파는 장사꾼에서부터 호수에서 보트를 타는 현지인의 모습을 엿볼 수 있습니다.

| 여유롭게 일상을 즐기는 사람들과 보트타는 현지인

숙소로 오는 도중에 디에고 리베라의 벽화 박물관에 들러, 멕시코 독립 이후의 역사를 뭉뚱그려 그려낸 '알라메다공원의 어느 일요일 오후의 꿈'을 보았습니다. 멕시코가 독립을 하였지만, 부자와 가난한 자, 엘리트층과 기층민만의 극명한 대비를 화가의 시각으로 표현한 벽화입니다. 그림에는 문외한이라 울림은 적었지만, 규모는 15.6 X 4.7m의 대작입니다. 박물관이라 하지만 그의 작품은 오직 한 점만 전시되어 있습니다.

버스를 타고 숙소로 오면서 보니, 반려견을 키우는 사람을 배려하여 버스 바닥에 개를 놓을 수 있는 곳을 그림으로 표시해 놓았습니다. 작은 아이디어이지만, 마음 쓰임이 느껴지는 세심한 행정입니다.

셋째 날

1. 2 신들의 도시 테오티우아칸과 과달루페 성모 성당

여행을 하여 얻게 되는 장점 중 하나는 모르는 사실을 깨닫고 새로운 것을 알게 되는 것입니다. 피라미드(Pyramid)란 이집트에 있는 왕들의 무덤을 뜻하는 고유명사로만 알고 있었는데, 이번 여행을 준비하면서 사각뿔 도형 또는 뿔 형상의 거대 구조물을 총칭한다는 것과 아메리카 대륙에도 거대한 피라미드가 많이 있다는 사실을 알게 되었습니다.

최대 피라미드를 정하는 것도 무엇을 기준으로 하느냐에 따라 달라서, 부피로는 멕시코의 푸에올라의 촐룰라 피라미드가 이집트의 쿠푸왕 피라미드보다 큰데 높이와 건축 기술에서는 쿠푸왕의 피라미드에 밀립니다.

오늘의 첫 일정은 멕시코 시티에서 북동쪽으로 50km정도 떨어져 있는 테오티우아칸(Teotihuacan)을 방문하는 것입니다. 이곳은 해발

2300m에 형성된 고대 도시로서 라틴 아메리카 대륙의 가장 큰 피라미드를 건축물로 품고 있습니다.

테오티우아칸은 이 도시의 거대한 규모와 국력을 알고 있었던 아즈텍인에 의하여 붙여진 이름입니다. '신의 탄생지', '신들이 창조한 도시' 또는 '신들의 도시'라는 뜻입니다. 여기에는 태양의 피라미드와 인신공양이 이루어졌다는 달의 피라미드, 사자(死者)의 거리(Avenue of the Dead), 깃털 달린 뱀으로 당시 문명인들이 숭배했던 하늘과 창조의 신인 케찰코아틀 신전, 지배층이 거주한 궁전과 주거지역이 있습니다. 태양의 피라미드는 아즈텍 제국에서 축조한 가장 높은 60m의 쌍둥이 피라미드보다 10m 이상이 높고, 화려하여 당대의 발달한 건축술을 엿볼 수 있습니다.

| 신들의 도시에 자리잡고 있는 신의 공간

10만에서 20만 인구가 거주하였던 곳으로 당시 기준으로는 세계의 모든 도시를 통틀어 가장 많은 사람들이 살았던 곳 중 하나입니다. 10만 명이 살았다면, 현재 보령시의 인구 규모이고, 20만이라면 충주시의 인구에 해당되는 도시 규모입니다. 방문했을 때 유물의 10%만이 발굴되었다니, 온전히 드러나진다면 얼마만한 규모가 될지 상

상해 봅니다. 300년~600년까지를 전성기로 보고 있습니다. 이때의 면적은 36㎢로 2.9㎢인 여의도의 12배가 넘고, 2천여개의 석조 건축물이 세워져 있었다니 얼마나 큰 도시였는지 쉽사리 짐작되지 않습니다. 이런 도시가 7세기부터 쇠락하여 8세기경 홀연히 사라졌다가, 13세기에서야 아즈텍인들에 의해서 발견되었다는데 지금도 풀리지 않은 수수께끼입니다. 달의 피라미드에서 이뤄진 인신공양은 년 최대 5만 명이었다는데 약산해보면 10분에 한 명꼴로 어마어마한 숫자입니다. 인신공양의 대상이 된 이민족은 에스파냐가 남미대륙을 침략하자 이들과 힘을 합하여 전쟁을 벌이게 되니, 소수의 에스파냐인들에게 아즈텍이 멸망하게 된 원인 중 하나가 되었다는 설이 있습니다. 인신 공양은 중국 등 고대 문명의 발상지는 물론이고 신라, 백제, 가야 등에도 흔적이 있습니다.

점심 장소는 지하 동굴에 있는 식당입니다. 멕시코의 명절인 '망자(亡者)의 날'을 기반으로 한 만화영화 '코코'가 세계적인 인기를 끌자, 영화의 배경인 동굴과 영화에 나오는 여러 모양의 작은 해골과 소품을 제법 긴 동굴 이곳저곳에 비치하며 식당으로 만든 것입니다.

손녀와 함께 본 영화라서 식당의 컨셉과 분위기를 쉽사리 느낄 수 있었습니다. 가족간의 사랑을 생각하게 하는 감동적인 영화이고, 멕시코인들의 죽음에 대한 생각과 내세관을 이해할 수 있는 영화입니다.

| 점심으로 먹은
그란몰카헤태 & 타코

주문한 음식은 그란몰카헤태와 타코입니다. 그란은 크다(Grand)의 뜻이고, 몰카헤태는 멕시코의 전통 절구입니다. 어린아이 팔뚝길이 정도의 높이와 어른 손의 한 뼘 반정도 되는 넓이의 돌절구에 양파, 선인장, 치즈, 곱창, 소고기와 닭고기가 들어있습니다. 돌절구를 화덕에 넣어 익힌 멕시코 전통 요리로 다섯명이 나누어 먹었는데도 남길 정도의 양입니다. 선인장만 생소한 식재료였고 거슬리는 맛은 없습니다. 분위기를 치장한 비용인지, 가격이 싸다고 느껴지지는 않았습니다.

숙소로 오면서 세계 3대 성모 발현지 중 하나인 과달루페 성당을 방문했습니다. 검정색 피부 색깔 정확히는 메스티조의 피부색인 구릿빛 성모가 나타나 테페약산에 성당을 건축하라는 계시를 내려, 당시 아즈텍인들이 천주교로 개종하는 데 크게 기여했다고 합니다. 본래 이곳은 아즈텍 여신 또난친(TONAN TZIN; 신의 어머니)을 모시던 곳입니다. 원주민의 성지가 가톨릭의 성지로 바뀐 것입니다. 토착 신앙의 뿌리를 뽑아야 새로운 믿음인 가톨릭을 쉽게 받아들일 수 있었던 거겠지요.

넷째 날

1. 3 칸쿤의 시내 구역

 오는 날부터 숙소 옆 바에서 새벽까지 들리는 시끄러운 음악소리 때문에 그간 잠을 설쳤었습니다. 간밤에 이런 소리도 듣지 못하고 잠을 잘 잔 것은 시차를 어느정도 극복했기 때문일 것입니다.
 쿠바에 입국하기 위하여 칸쿤까지 가는 것이 오늘의 여행 일정입니다. 칸쿤은 멕시코 남동부에 있는 바닷가 휴양도시로 수도인 멕시코시티에서 1600km 떨어져 있습니다.
 몸 상태가 좋아져서인지 공항으로 가는 택시에서 기사가 들려주는 노래의 리듬이 귀에 잘 들어옵니다. CD에서 나오는 음악인지 운전대 옆의 디스플레이에 숫자와 가수의 이름인 듯 싶은 문자가 나오기에 핸드폰으로 사진을 찍어서 검색해 보았습니다. 고인이 된 멕시코의 유명 가수 후안 가브리엘의 Asi fue(그렇게 된 거야)라는 곡인데, 애조를 띈 트로트 곡조처럼 마음을 끌어당깁니다.

| 탑승구를 찾아가는 중 만난 길거리 피아니스트

보안 검색을 마치고 탑승구를 찾아가는 중에 한 쪽에서 피아노를 연주하는 모습이 눈에 띕니다. 코로나로 어려운 시기에 여행을 다니는 사람들의 노곤함을 달래주려는 공항 측의 배려인 것 같습니다.

두시간 반 정도를 비행해서 칸쿤에 도착했습니다. 칸쿤은 바닷가에 유명한 호텔들이 즐비하게 자리한 호텔 구역과 행정시설, 배후 주거단지 역할을 하는 시내 구역으로 나뉩니다. 숙소는 값이 비싸지 않은 시내 구역에 있습니다. 이곳은 식당이나 숙소에서나 에어컨을 켜지 않으면 옷에 땀이 배는 더운 날씨입니다. 프론트 데스크 앞에서 방 배정을 기다리면서 둘러보니 한 쪽에 망자(亡者)의 날을 앞두고 제단을 만들어 놓았습니다. 망자의 날 또는 죽은 자의 날은 아즈텍의 축제에서 기원합니다. 살아있는 가족들이 제사상이라 할 수 있는 제단을 만들어서 음식을 차려 놓고, 죽은자를 다시 만나는 축제의 날입니다. 우리식의 제삿날이라고 생각되지만, 애도의 분위기와 죽은 이를 만나는 축제의 느낌이 병존합니다. 멕시코인에게는 망자인 해골이 두려운 존재가 아니라 낯익은 친숙한 존재입니다. 매년 10월 31일에서 11월 2일 사이에 열리며, 제단은 미리 만들어 고인의 사진, 천주교 성인의 그림, 좋아했던 사람의 사진과 함께 여러 색깔의 색종이와 꽃으로 장식합니다.

| 프리다 칼로로 장식된 제단

어떤 연유인지 제단에 프리다 칼로의 사진을 장식해 놓았습니다. 굴곡진 삶을 살았지만, 사후에는 세계적인 화가로 명성을 날리는 그녀를 좋아하는 사람이 제단을 만든 모양입니다. 프리다는 우리나라에서도 두 번이나 전시회를 열어서 그림을 아는 사람들은 그녀의 남편이자 세계적인 화가 디에고 리베라보다 훨씬 잘 기억합니다. 큰 교통사고로 여러 차례 수술을 받은 육체적 고통과 21살의 연상인 남편의 외도로 마음 고생이 심하였을 터인데도, 사진 속의 그녀는 아름답습니다.

여행의 즐거움 중 하나는 맛있는 것을 먹는 것이니 기꺼이 맛집을 찾아 나서야 합니다. 매일 밤이면 현지인들이 모여서 식사도 하고 휴식

| 시끌벅적 정이 넘치는 라스팔라파스 광장

을 즐긴다는 소박한 공원인 라스 팔라파스 광장을 지나갑니다. 관광객은 물론이고 물건을 팔려는 잡상인들이 만들어내는 떠들썩한 분위기가 이곳이 관광지임을 느끼게 합니다.

일행 넷이 주문한 식사는 새우튀김, 멕시코식 회무침이라 할 수 있는 세비체, 새우와 야채를 함께 꽂은 꼬치, 야채 파스타, 오징어 먹물과 낙지를 넣어 만든 파스타입니다.

좋은 안주도 있고 멕시코에 왔으니 데낄라도 한 잔 해야합니다. 영화 속의 장면을 떠올려보면 데낄라 한 모금을 마시고 왼손 엄지손가락 위에 미리 발라놓은 소금을 조금씩 핥습니다. 이곳에서는 소금을 발라놓은 레몬조각을 작은 접시위에 올려놓고, 데낄라의 안주로 삼으라고 종업원이 가르쳐줍니다. 양주잔의 두 배나 되는 유리잔에 데낄라를 가득 부어 줍니다. 한 모금을 입에 털어 넣으니 찌릿하여 몸에 전기를 맞은 듯합니다. 맛있는 식사와 피로를 풀어주는 한 잔의 술로 하루가 지나갑니다.

아홉째 날

1. 4 이슬라 무헤레스 섬 : 여인의 섬

| 이슬라 무헤레스 섬에 가기 위한 푸에르토 후아레스

오늘은 칸쿤시내 지역에서 페리로 30분 거리에 있는 이슬라 무헤레스(Isla Mujeres Island)의 섬구경과 스노쿨링을 체험할 계획입니다. 이슬라 무헤레스는 '여인의 섬'이라는 뜻입니다. 섬 발견 당시 여인의 조각상이 많이 설치되어 연유한 것이라는 설이 있습니다.

여인의 섬에 가는 유람선을 타려면 선착장까지 가야 합니다. 우버를 불러 숙소 앞에서 기다리고 있는데 응답한 차량이 도착한 것으로 핸드폰 화면에 뜹니다. 전화기 화면에 뜬 번호의 차량이 우리 쪽으로 오지 않고, 자기가 있는 곳인 약 20m 앞으로 오라고 기사가 손짓을 합니다. '손님을 귀찮게 한다'고 생각하면서 가까운 거리여서, 서둘러 걸어서 차에 올랐습니다.

여인의 섬으로 가는 배가 출항하는 선착장은 네 군데이며, 우리는 푸에르토 후아레스 여객터미널로 갔습니다. 가면서 기사에게 들은 이야기는 당초 우리가 기다리던 곳은 택시의 영업 구역이기 때문에 우버 차량은 주차할 수 없다고 합니다. 수고스럽지만 올 때도 몇 십m 앞에서 차를 불러달라고 부탁하면서, 이 곳 택시회사는 마피아 같다고 합니다. 밥벌이는 생계가 걸린 문제이고, 새로운 시장 참여자를 내버려두면 자기 밥그릇이 줄어들 수 있으니 생사를 거는 자리다툼이 일어날 수 있습니다.

비가 약간씩 내려 이미 승선한 많은 사람들은 1층에 자리 잡았습니다. 자리가 없으니 비를 맞으면서 2층에 올라 여인의 섬에 가는 뱃길을 구경해야 합니다. '바다가 바다지, 별 다른 풍경이 있겠어?'라고 생각해서는 제대로 바다를 감상하려는 마음이 부족하다 할 수 있습니다. 바다는 햇볕이나 바람은 물론 주위 풍경을 녹여서 천의 얼굴을 보여줍니다. 맑은 날인지, 구름 낀 날인지, 구름의 양이 얼마나 많고 적은지 또 그 모습은 어떠한지를 바다에 다 녹이고 비추어서 물색을 좌우합니다. 바다의 깊이, 바다 밑이 뻘흙인지 어떤 종류의 모래인지, 바다 밑에 생물이 얼마나 풍부하고 종류는 어떤 것인지, 바다에 바람이 얼마나 부는지에 따라 바다색이 변한다는 것을 알면 바다를 제대로 구경할 만반의 채비가 갖추어진 것입니다.

출항한지 얼마 되지 되지 않아, 선상에 무대를 만든 기타리스트가 연주를 시작합니다. 놀이에 음악이 더해지면 즐거움이 더욱 커집니다. 가수가 흥겨운 기타 리듬에 맞춰 열창을 하면서 선객들에게 박수로

| 선상무대에서 연주하는 기타리스트

동참을 요구하고, 즐거움도 가져다줍니다. 녹음된 음악을 틀어 줄 수도 있겠지만, 음악이 도처에 흐르는 멕시코이니 그런 일은 있을 수 없으리라. 흥겨운 음악으로 승객을 즐겁게 해주는 만큼 손님들의 호응도 큽니다. '여행을 충분히 즐겨라'는 당부와 '음악을 들어주어서 고맙다'는 말을 마친 연주자는 벗은 모자를 뒤집어서 연주에 대한 감상의 사례를 부탁합니다. 공짜는 없습니다. 즐거움을 누린 분들은 댓가를 내야 하는 것이 세상의 이치입니다.

배에서 내린 우리는 우선 골프카트를 타고 섬 둘레를 한 바퀴 돌아보기로 했습니다. 뒷좌석은 뒤쪽을 바라보도록 되어있어, 지금까지 타보았던 골프카트와는 달리 약간은 생소합니다. 카트를 빌려주는 옆 가게는 우리에게 익숙한 카트도 있었지만, 다른 체험을 시도하면 여태껏 경험해보지 못한 무언가를 새롭게 얻을 지도 모릅니다. 어설픈 출발이었지만 금방 편안함을 느낄 수 있도록 안전하게 운전을 합니다. 오른쪽 편으로 바다가 보였습니다. 조금 더 지나자, 어느 쪽에도 바다는 보이지 않고 섬의 남쪽 끝을 향해 달립니다. 도착한 곳의 끝에 등대가 있었고, 주위의 풍광은 야자수 나무와 여러 빛깔의 바닷물 색, 짙은 파란색의 하늘이 어우러져 '아름답다'는 말을 연신 쏟아내는 것 외에는 달리 말로 설명하기가 어려운 고혹적인 광경입니다.

| 황홀할 정도로 아름다웠던 칸쿤의 바다

미국 사람들이 은퇴 후 최고로 살고 싶은 곳으로, 또 한국의 신혼부부들이 열광하는 신혼 여행지로 칸쿤이 뜨는 이유도 이 멋진 섬이 한 몫하고 있을 것이라는 생각이 듭니다. 바다 쪽을 보니 왼쪽은 연한 쪽빛이고 오른쪽의 먼 바다는 비가 내리고 있고 수심이 깊어서인지 짙은 검회색 바다입니다. 섬 끝자락에는 이곳에 살았던 인디언들의 모습을 조형물로 만들어, 이곳저곳에 배치하여 원시와 원초의 만남 같았습니다. 육지 끝까지 가보니 바다쪽으로 내려가는 길을 내어 더욱 가까이서 바다 경치를 볼 수 있도록 했습니다. 아름다움을 충분히 누리기에는 부족한 시간이었기에, 미련을 남긴 채 다른 쪽 해변으로 돌아서 나왔습니다.

| 기도를 잘 받아줄 것 같은 성당의 모습

오는 길에 바다가 보이는 작은 성당에 들렀습니다. 소박하고 작지만 바다를 배경으로 자리잡고 있어서 아름답기가 그지없습니다. 예수상과 십자가를 보고 신자용 좌석에 앉으니 뒤쪽으로 바다가 보여서 죄를 씻어 달라고 기도하면 너른 바다까지도 가세하여 용서해 줄 것 같습니다. 일행 중 몇몇은 촛불 봉헌을 받칩니다. 하나님께 감사도 드리고 누군가를 위하여 기도합니다. 바다가 보이는 아름다운 휴양지에 성당을 건축한 것은 이곳에서도 하나님 섬김을 소홀히 해서는 안 된다는 것을 믿는 자에게 알려주기 위함일까요, 아니면 하나님은 여기에도 계시니 재미있게 놀라는 것일까요?

점심땐 선착장에서 멀지 않은 서민을 위한 시장통 맛집을 찾았습니다. 닭고기 수프와 중간 크기의 새우를 파인애플 기름에 튀겼고, 야채와 쌀밥 옆에 푹 삶은 팥을 죽 형태로 만들어 섞어 먹을 수 있도록 하였습니다. 파인애플 주스까지 한 잔 먹었으니 점심으로는 든든합니다. 당초 계획대로라면 스노쿨링을 하면서 두어 시간을 즐길 계획이었는데, 아쉽지만 비가 와서 포기했습니다. 이곳 모래가 하얀 것은 산호가 부서져서 만들어졌기 때문이랍니다. 바닷가에서 포말을 일으키는 파도를 보면서 해보지 못한 것에 아쉬움을 달래보지만 서운함은 가시지 않습니다. 언젠가는 더 멋진 곳에서 오늘 못 해 본 스노쿨링을 해 볼 수 있으리라고 자위하면서 칸쿤으로 돌아오는 배에 올랐습니다. 여인의 섬을 떠난 배는 어느새 칸쿤 부두에 도착했습니다. 여인의 섬에서 보았던 바닷가의 아름다운 풍광이 뇌리에 오랫동안 남아있습니다.

열째 날

1. 5 사라진 왕국 치첸이트사

라틴아메리카에는 이 지역을 대표하는 3대 고대 문명이 있습니다. 페루의 잉카 문명, 멕시코와 과테말라 일대의 마야 문명, 멕시코의 아즈텍 문명. 오늘은 그 중에서도 멕시코의 유카탄 반도 중앙에 자리 잡고 있으며, 마야 문명의 최대 유적지인 치첸이트사(Chichen Itza)를 찾아보는 일정입니다.

치첸이트사는 당시 마야 문명의 주도권을 잡고 있던 '이트사'라는 부족의 우물 입구라는 뜻입니다. 숙소인 칸쿤에서 200km 가까이 떨어져 있는 곳으로, 오가는 데만도 5시간 정도가 걸립니다.

7시 가까이에 출발한 관광버스는 여러 곳을 들러 손님을 태웠습니다. 8시가 조금 지나서야, 중간 집결지에서 3대의 대형 버스가 모였습니다. 여행자가 스페인어를 이해하느냐, 아니면 영어를 이해하느냐에 따라 승객을 나눕니다. 혼자서 여행을 한다면 많은 돈을 들여 오롯이 자신만의 시간을 누릴 수 있지만, 오늘은 여러 팀을 모은 그룹 관광이기 때문에 거치는 절차와 시간 소비는 감수해야 합니다. 관광객을 분승하여 출발할 때까지 30분 이상이 흘러갔습니다.

| 두시간 달려 도착한 치치칸 민속촌

울창한 숲 사이로 두 시간 가량을 달려 치치칸이라는 멕시코의 민속촌에 도착했습니다. 입구에는 원주민들이 전통복장을 하고서 관광객들을 위하여 사진을 찍을 수 있도록 다양한 자세를 취해줍니다. 원하는 사람은 식사를 마치고 이곳을 떠날 때 찍은 사진을 찾으면 됩니다. 수십m 높이의 나무 밑동에는 큰 사람 키 높이와 서너 명이 족히 들어갈 수 있는 너비의 구멍이 뚫려있고, 거기에서 기념사진을 찍습니다.

돌아서 나오니 멕시코 시티의 헌법광장에서 본 것과 같은 의식이 펼쳐지고 있습니다. 원주민들이 사람들에게 나쁜 액운을 몰아내고 복을 빌어주는 장면을 보여주고, 원하는 관광객에게는 약간의 사례를 받고 의식을 베풀어 줍니다.

| 의식의 한 가운데

다음은 세노테에 가서 물놀이를 해 볼 차례입니다. 세노테는 석회석으로 된 지형에 비가 오면 석회가 녹아내려 어느 순간 그 부분이 푹 꺼져 싱크홀 형태가 되고, 그간 저장된 물이 자연 우물을 형성하거나 천연 수영장이 된 곳입니다. 크기는 다양한데 오늘 본 것은 깊이가 20여m이고, 지름은 40여m쯤 되어 보입니다.
수영복으로 갈아입고 구명조끼를 착용한 다음 샤워를 마치고, 계단으로 내려가 세노테에서 물놀이를 하기로 했습니다. 수용 인원이 40-50명은 되니 작은 우물은 절대 아닙니다. 물은 너무 차갑지 않아 몸을 담그기에 적당합니다. 내려온 계단 가까이에는 깊지 않아 어린이들도 놀 수 있습니다. 깊은 곳은 어른 키가 넘는 곳도 있습니다. 안전 문제로 구명조끼를 입었으니, TV에서 본 것 같이 깊은 곳으로 잠수도 할 수 없어, 수영하듯 몇 번을 왔다 갔다 하다가 놀이를 마쳤습니다. 점심은 뷔페인데 쿠바에서보다 질이 떨어집니다. 쿠바 물가가

| 세노테 물놀이 현장 바로보기

멕시코보다는 저렴하다는 것을 느낄 수 있습니다.

이제는 마야 문명과 톨텍 문명이 남아 있는 도시 치첸이트사를 보러 갑니다. 다시 한 시간 넘게 달려, 화려하게 꽃 피었다 사라진 고대 문명의 편린들을 볼 수 있는 현장에 도착했습니다.

가이드는 깃털 달린 뱀신인 쿠클칸을 섬기는 신전인 피라미드부터 설명을 시작합니다. 신전을 처음 본 스페인 병사들이 성채와 닮았다 하여 '성'이라는 뜻의 '엘 카스티요(El castio)'라는 이름이 붙였습니다. 이집트의 피라미드는 밋밋한 사각뿔 형태이나, 이곳의 피라미드는 계단식입니다. 피라미드의 네 면에는 9개 층의 테라스를 만들고 각 면 중앙에는 91개의 계단을 설치하여 정상까지 올라갈 수 있습니다. 꼭대기에는 사람이 누워서 무릎을 세우고, 상반신은 45도 정도 들고, 머리는 왼쪽으로 돌린 모습의 자크물 조각상과 재규어 모양의 왕좌가 있습니다. 자크물 조각상의 배 위에 인간의 심장을 제물로 놓았습니다. 계단의 숫자는 1년을 18개월로 하고, 365일로 정한 마야의 달력을 표현한 것입니다. 몇십m 떨어진 곳에는 전사 복장을 한 조각들이 새겨진 원뿔형의 돌기둥이 가로와 세로로 줄지어 있고, 그 뒤로 전쟁의 승리를 기념하는 전사의 신전도 보입니다.

| 사람이 개미처럼 보이는 웅장한 피라미드

| 줄지어있는 돌기둥들

| 전쟁의 승리를 기념하는 신전

신전에 바쳐질 심장을 정하기 위하여 전사들은 경기를 펼칩니다. 경기장에 대하여 가이드가 땀을 흘리면서 열심히 설명합니다. 세로길이가 168m, 가로가 68m의 경기장에서 8m 높이에 지름 30cm 되는 돌구멍에 고무공을 넣는 시합을 하는 건데 가슴, 팔꿈치, 허리만을 써서 고무공을 넣으면 경기가 끝이 납니다. 그때 고무공을 넣은 사람을 즉시 죽여서, 벌떡 거리는 심장을 신전에 받치는 것입니다. 이긴 자가 죽음을 맞게되는 것입니다. 물론 이긴 자의 가족은 신분이 상승된다는 보상이 있다지만, '개똥밭에 굴러도 이승이 저승보다 낫다'는 말이 있지 않습니까? 추측컨대 경기에 참가한 자들의 삶이 죽음보다 혹독하지 않았다면, 누가 죽기를 작정하고 최선을 다하겠습니까?

이런 반박이 있어서인지 이긴 팀은 살고, 진 팀 중 한 사람의 심장을 제물로 바치고 나머지 사람들은 죽여 해골로 만들어 장대에 꿰어 벽처럼 만든 하나의 해골제단에 바쳤다는 설도 있습니다.

사라진 왕국에는 현재의 과학으로도 풀 수 없는 미스터리가 많습니다. 가이드는 당시의 발달된 천문학과 건축물의 각도, 돌의 소리 반향 성질 등을 활용한 선조들의 응용과학에 대해 우수성을 자랑합니다. 이집트의 피라미드와 연관 가능성에 대하여도 긍정적으로 설명합니다. 이집트의 피라미드와 관계가 있다면 어떻게 연관의 실마리를 찾을 수 있을까요? 하늘을 관찰했다는 카라콜 천문대, 마야의 인신공양 이후 많은 시신들이 버려진 사그라드 세노테(Sacred Cenote : 성스러운 우물)를 서둘러 돌다보니 출발 시간이 빠듯합니다.

| 먹어보고 싶었던 바나나 딸기 와플

버스는 5시에 숙소를 향해 출발했습니다. 중간 휴게소에는 데킬라 시음장과 기념품 매장이 즐비합니다. 저녁 9시 넘어 숙소에 도착예정이라 요기를 할 요량으로 맥주 한 캔을 초코바로 안주삼아 마셨습니다. 칸쿤 바닷가에서 먹고 싶었는데 못 먹었던 바나나와 딸기로 만든 길거리 와플을 누군가가 들고 갑니다. 보기에는 식욕을 당기더니 맛은 아쉽고 요기로서는 충분합니다. 허기도 채웠고 숙소에 가는 일만 남았습니다.

패키지 여행은 일정을 마음대로 할 수 없습니다. 의자와 의자 사이의 간격이 좁은 버스에서 10시간 가까이를 갇힌 채 힘든 하루를 보냈습니다.

열한째 날

1. 6 원하는 모든것을 제공하는
All Inclusive

멕시코 칸쿤 - 페루 리마

가깝게 지내는 후배가 통화가 안 된다고 카톡을 보냈습니다. 식사를 같이 하고 싶다면서 가능한 일자를 알려주라고 합니다. 중남미 여행 중이라서 어렵다고 답장을 보냈더니, 다시 답이 왔습니다. "어려운 중남미를 가셨네요. 여행은 관광과는 다르다고 합니다. 페루 무지개 산이 여행의 백미라고 하던데… (이하 생략)."

이 말을 듣고 여행과 관광에 대하여 곰곰히 생각해보았습니다. '여행은 집을 떠나서 나그네가 되어 다니는 것을 말하고, 관광은 볼거리를 찾아다니는 것'이라고 나름 정의해보면서 사전에는 어떻게 되어 있을까 궁금해서 사전을 찾아보았습니다. 네이버 사전에는 '여행은 일이나 유람을 목적으로 다른 고장이나 외국에 가는 일'이고, '관광은 다른 지방이나 다른 나라에 가서 그곳의 풍경, 풍습, 문물 따위를 구경함'이라고 되어 있네요. 여행에는 일이라는 목적이 추가되어 있고, 관광은 구경하는 것에 주안점을 두고 있는 듯한데, 차이가 실감나게 느껴지지는 않습니다.

영어로는 여행하면 travel, trip, tour, journey라는 단어가 생각나는데, 각각의 차이가 무엇일까 궁금해서 구글링을 해보았습니다. travel은 비교적 긴 여행이나 여정을 의미하며, trip은 비교적 짧은 여행이나 방문을 지칭할 때 쓰이며, tour는 일정한 계획에 의하여 각지를 다니는 관광여행이라고 하며, journey는 다른 단어들과 달리 돌아올 기약이 없는 긴 여정을 의미한다고 되어 있습니다. 기간의 장단과 돌아올 기약의 유무는 명료하게 이해되나, 계획이 없는 여행은 없을 터인데, 여전히 확실하게 구분되지는 않습니다.

사전적 정의가 무엇이든 개인마다 다르게 정의할 수 있을 것입니다. 나에게 있어서 여행은 '무엇인가 주도적인 활동' 같고, 관광은 '피동적'인 느낌이 듭니다. 후배가 한 말도 이런 뉘앙스일거라 생각하며, 나는 여행을 하는지 관광을 하는지 스스로에게 물어보았습니다. 어떤 이는 관광을 '왔노라, 봤노라, 찍었노라'고 하며 보는 것에 주안점을 두고, 여행은 '현지 문화를 체험하는 것'이라고 나름 구분을 하는 것을 본 적이 있습니다.

멕시코에서 마지막 날인 오늘의 일정은 오후 4시 35분 비행기로 페루의 수도 리마로 이동하는 것이 전부입니다. '어떻게 칸쿤이 에메랄드 색깔의 바다와 20여km에 달하는 부드럽고 하얀 백사장만으로 미국과 남미는 물론이고 멀리 대한민국에서도 선호하는 신혼 여행지가 된 것일까?'라는 의구심이 들어 인터넷을 뒤져보니 생소한 단어가 눈에 띕니다.

All Inclusive(모든 것이 포함됨)! 무엇에 대한 모든 것인가? 이는 칸쿤의 대형 호텔들이 채택하여 실시하는 제도로서 고객들에게 필요한 모든 것을 공급하겠다는 것입니다. 공항에 도착하는 순간부터 호텔을 이용하는 기간은 물론이고, 칸쿤을 떠날 때까지 여행자가 필요로 하는 모든 서비스를 제공하겠다는 것입니다. 구체적으로 살펴보니 호텔 리무진 버스로 공항 영접과 배웅을 해줍니다. 방에 있는 미니바에 온갖 주류와 음료를 하루에 두 번씩 보충해주고, 24시간 내내 룸서비스도 하고, 로비 라운지와 풀(Pool) 사이드에서도 모든 음료와 식사까지 무한정으로 공급합니다. 또한, 호텔 내부에 사우나 자쿠지 등 다양한 휴게시설과 액티비티를 가능하게 만들어 호텔에 머무는 동안에는 모든 필요와 즐거움을 제공하겠다는 영업 전략입니다. 결혼식을 치르면서 힘들었던 심신의 피로를 호텔에서 풀고 가라는 것입니다.

치첸이트사를 오가는 관광버스에서 어느 손님들에게는 맥주와 커피 등의 음료는 물론이고 안주까지도 아이스박스에서 공급하는 것을 보고, 나도 맥주를 먹고 싶어 달라고 했더니 파는 것이 아니라고 했습니다. 이제서야 맥주를 사 먹지 못한 이유를 알 수 있게 되었네요. 대형호텔 투숙객에게만 주어지는 서비스! 다시 오게 된다면 꼭 이용해보고 싶어집니다.

시간이 있어 어제 관광가이드가 어떤 근거로 치첸이트사에 있는 피라미드와 이집트의 피라미드가 연관되었을 거라 이야기했을까 궁금해서, 이것저것 찾다 보니 답이 될 만한 것이 있습니다. 피라미드는 태양과 관련이 있고 태양을 섬기는 신앙이 점차적으로 자리를 잡아가던 시기에 나타난 건축물로써 햇빛이 내려가는 모습을 물리적으로 형상화한 것이라는 설명입니다. 이런 이유로 수만 킬로미터 떨어져 있고 정보 공유가 불가능했던 시기에 아프리카의 이집트와 라틴 아메리카의 곳곳에서 피라미드라는 건축물이 만들어질 수 있었다는 설명에 고개가 끄덕여졌습니다. 몇 천년 전의 인간들도, 사는 곳이 달라도 생각하는 것은 비슷했던가 봅니다.

간편한 여행을 위하여 속옷은 최소한으로 가지고 다니고, 큰 도시의 세탁소를 만나면 세탁물을 맡기는 것이 장기여행의 지혜입니다. 이곳을 떠나기 전에, 어제 맡긴 세탁물을 찾아와야 합니다. 점심도 먹고 세탁물도 회수하였으니 이제는 칸쿤 공항으로 가서 리마행 비행기를 타면 됩니다. 리마까지는 6시간 비행을 해야 하므로, 밤 12시경이나 되어야 페루의 숙소에 도착할 수 있습니다. 빡빡한 일정입니다.

| 피곤한 몸을 이끌고 도착한 페루 공항

Part
02.

쿠바 ｜ Cuba

아바나, 산타클라라, 트리니다드,
씨엔푸에고스

다섯째 날

2. 1 아바나 입성

멕시코 칸쿤 - 쿠바 아바나

아침 식사할 곳을 찾으러 큰 길에 나왔더니, 쿠바의 대표나무인 차코니아(Chaconia)가 활짝 피어나 인사하는 듯 싶습니다. 초록 잎사귀 사이사이로 진분홍 꽃과 파란 하늘, 또 흰 구름의 원색이 서로 대비되지만 어우러져 눈에 확 들어옵니다. 칸쿤의 아름다운 풍광은 쿠바를 보고 다시 이곳을 지나가니, 그때 천천히 누리기로 하고 공항으로 향했습니다.

쿠바하면 떠오르는 것은 공산주의 국가, 카스트로와 체 게바라의 혁명, 1인 장기 집권과 권력 세습, 사탕수수 농장에 인부로 팔려가 죽도록 고생한 조선인들, 정열의 라틴 음악과 댄스, 아름다운 해안선을 가진 나라 등 참 많습니다.

미국의 오바마 대통령은 2014년 말에 쿠바와 적대 정책을 폐기하고 어렵사리 화해 관계를 만들었습니다. 그러나 트럼프가 집권하면서 쿠바를 국제사회에서 고립시키려 하자, 두 나라는 사이가 나빠지게 되었습니다. 더구나 코로나로 찾는 관광객의 수가 급격히 줄어들면서 쿠바의 어려움은 가중되고 있습니다. 미국과의 외교관계 악화로 출입국 절차까지도 꼬여져 있습니다. 다른 국가와는 달리 일종의 관광비자인 출입국표가 필요합니다. 발급을 도와주는 사람 말로는 2년만에 한국에서 온 그룹이라 하며 크게 반가워하는 표정입니다. 많은 사람들이 쿠바를 방문해 주어야 수입을 늘리고 경제가 잘 돌아갈 수 있을 텐데, 국가 수입의 상당 부분을 차지하는 관광 수입이 급격히 줄어들고, 최근에는 토네이도로 큰 피해를 입은 참이라 나라 살림은 산 너머 산인 상황입니다.

찾는 사람들이 줄었음에도 불구하고 아바나로의 입국에는 공산주의 국가에서 일반적으로 겪는 형식적이고 까다로우며 불필요해 보이는 레드 테이프(비능률적인 세세한 절차)로 인해 시간이 많이 걸립니다. 쿠바를 방문하기 위해 어제 하루와 오늘 한나절을 보낸 후에야 겨우 비행기를 탈 수 있었습니다.

2시 10분 비행기가 50분이나 지연되어 3시에 칸쿤을 떠난 비행기는 1시간 10분 남짓 하늘을 날더니 쿠바의 수도 아바나에 도착했습니다. 변변한 공항도 없어 인프라가 취약한 것을 느끼게 됩니다. 공항에서 혁명광장을 거쳐 숙소로 가는 메인도로는 차도도 몇 차선 없으며, 오래되어서인지 도로의 포장 상태도 울퉁불퉁하여 승차감이 편하지 않습니다. 도로 등에 투자가 제대로 이루어지지 못하고 있음을 쉽사리 깨달을 수 있습니다. 숙소로 가는 길에 혁명광장을 지나갑니다. 광장이라면 열린 공간이고 많은 사람이 모일 수 있도록 만들어졌을 터인데, 오늘만 그런지 몰라도 넓은 곳에 휑하니 관광객 몇몇이서 사진을 찍는 모습밖에 보이지 않습니다. 많은 사람들이 모여야 할 곳이 너무 한적하니 을씨년스럽기까지 합니다. 광장에 들어서면 한가운데 우뚝 서있는 138m 높이의 조형물, 쿠바 독립운동을 이끈 호세 마르티(Jose Marti)의 기념탑이 먼저 눈에 들어옵니다.

| 호세 마르티 기념탑

호세 마르티는 쿠바 역사를 알지 못하는 사람에게는 생소한데, 라틴 아메리카의 정체성과 통합의 주춧돌을 놓은 사람으로 독립운동가이자 문학인이었습니다. 독립전쟁에 투신하다 사망한 행동하는 지식인으로서 국민들에게 가장 존경받는 인물입니다. 그래서 그의 이름을 붙인 공원, 건물, 도로 등을 쉽사리 발견할 수 있습니다. 아바나 공항의 정식 명칭도 호세마르티 국제공항입니다.

이 탑은 평양에서 보았던 170m 주체 사상탑보다 높이가 약간 낮습니다. 맞은편의 내무성 건물에는 체 게바라의 형상과 "Hasta La Victoria Siempre(영원한 승리의 그날까지)"라는 글귀가 건물 외벽에 장식용 조명으로 부착되어 있습니다. 이 글귀는 체 게바라가 편지를 쓸 때, 말미에 즐겨 사용하여 더욱 가치있는 문구가 되었답니다. 옆에 있는 통신부 건물에도 우리에게는 다소 생소하나 쿠바인들에게는 체 게바라 못지않게 사랑받고 있는 까밀로 씨엔푸에고스(Camilo Cienfuegos)의 모습과 "Vas Bien Fidel(피델 카스트로 너는 잘하고 있어.)" 라는 글귀가 붙어있습니다.

| 체 게바라의 형상이 있는 내무성 건물

| 까밀로 씨엔푸에고스의 형상이 있는 통신부 건물

이 글은 피델 카스트로가 자신의 행적에 대해 고민을 하면서 어느 행사장에서 '내가 지금 잘하고 있는 것인가?'라고 씨엔푸에고스에게 물었는데, 이에 대한 답으로 한 말입니다.

까밀로 씨엔푸에고스는 피델 카스트로, 체 게바라와 함께 쿠바 혁명을 이끈 핵심 3인방입니다. 혁명군을 인솔하여 처음으로 아바나에 입성한 인물이고, 쿠바 혁명 성공 후에는 농업개혁에도 커다란 기여를 했습니다. 평가는 사람마다 다르겠지만, 피델 카스트로가 과연 잘했다는 생각에 쉽게 동의하지 못하는 것은 나만의 생각일까요? 혁명은 성공했는지 몰라도 현재 쿠바의 정치적, 경제적 상황을 살펴보면 국가 운영에 대하여 높은 점수를 줄 수 없습니다.

| 숙소가 있는 구도심 광경

광장을 뒤로하고 구도심에 있는 숙소로 갔습니다. 숙소는 우리식의 연립주택인 다세대주택으로, 당국의 허가를 받아 민박집으로 등록한 곳입니다. 여러 채가 영업을 하고 있어서, 어느 한 사람만 돈을 벌도록 할 수 없기 때문에 자기들끼리 순서를 정하여 손님들을 받습니다. 쿠바가 공산주의 국가라는 것을 몸으로 느끼게 하는 정책의 하나입니다. 추첨에 의하여 숙소가 정해진 우리 일행 4명은 작동이 의심

스러웠고 안전도 염려되며 더 이상 낡을 수 없는 엘리베이터를 타고 4층 방에 갔습니다. 아내가 동반했다면 잠을 못 자고 다른 곳의 숙소를 찾든지, 길바닥으로 나가자 할 만큼 열악한 곳입니다. 가난한 나라에 왔으니 겪게 되는 부담일까요? 아니면 숙소 선정이 잘못된 것일까요?

여섯째 날

2. 2 체 게바라의 도시
산타클라라

아바나 – 산타클라라 – 트리니다드

오늘은 체 게바라의 흔적을 만날 수 있는 산타클라라를 거쳐, 중부 해안가에 위치한 휴양도시 트리니다드까지 가는 일정입니다. 최종 목적지까지의 거리는 380km 가까이 되며, 이동하는데도 6시간 정도가 걸립니다. 쿠바에 오려고 이틀을 소모하였기 때문에, 시간을 벌충하려고 이른 시간인 7시 30분에 산타클라라로 출발했습니다. 산타클라라는 아바나로부터 동쪽으로 290km에 있는 도시입니다. 에스파냐인에 의하여 건설되었고, 식민지 시대에는 행정중심지였던 곳입니다.

고속도로처럼 넓은 길을 1시간정도 달린 다음, 아침 식사를 하러 휴게소에 들렀습니다. 휴게소는 어린 날 시골에서 보았던 움막처럼 생겼습니다. 지름 10cm 정도의 철골을 기둥으로 세워 서까래를 얹고

| 특이하게 생긴 휴게소

그 위에 짚 대신 옥수수 껍질처럼 보이는 것으로 지붕을 이었습니다. 가운데에는 접객용 긴 식탁이 놓여있고, 사방을 툭 터서 손님을 맞을 수 있게 만들었습니다. 움막이지만 주위에는 예쁜 꽃들을 심어 놓았습니다.

에스프레소 한 잔과 햄버거에 콜라를 마시니 아침으로는 충분합니다. 콜라는 2,500원이고, 커피는 100원입니다. 자체 생산이 가능하면 값이 싸고, 수입품은 터무니없이 비싼 가격이 이곳의 물가입니다. 화장실도 따로 없어서 소변이 마려운 사람은 휴게소로 가려져 보이지 않는 곳에 노상 방뇨를 하면 됩니다. 길이 먼 우리는 서둘러 아침을 때우고 한 시간을 더 달려 '체 게바라의 도시'라 불리는 산타클라라에 왔습니다.

체 게바라의 도시이니 도처에 그의 흔적이 남아있지만, 먼저 기념관으로 향했습니다. 기념관이라기보다는 기념 단지(Ceremony Complex)라고 부르는 것이 적절합니다. 먼저 눈에 띄는 것은 체 게바라

| 체 게바라의 기념탑과 기념비석

의 기념탑입니다. 10개의 대리석 탑 위에 베레모를 쓰고 오른손에는 장총을 들고 있는 체 게바라의 동상이 얹혀 있습니다. 탑에는 그가 즐겨 사용했고, 아바나의 혁명 광장에서 보았던 HASTA LA VICTORIA SIEMPRE(영원한 승리의 그날까지)가 새겨져 있습니다. 영원한 것은 없을 터인데 그는 이룰 수 없는 것을 고대하고 있었다는 생각이 불현듯 듭니다. 기념탑 왼쪽에는 체 게바라의 업적을 새긴 비석이, 오른쪽에는 혁명 당시의 전투 장면이 부조로 새겨져 있습니다.

탑 아래에는 체 게바라와 같이 혁명을 이끌었던 동료들의 부조를 모아놓은 전시실이 있습니다. 인물의 부조는 없고 빈 돌판만이 남은 곳도 있었습니다. 가롯 유다처럼 누군가 배반자가 되어서 부조를 떼어낸 것일까요? 아니면 본래부터 빈 곳으로 만들어 놓은 것일까요? 옆방에는 체 게바라의 성장 과정과 게릴라 활동 중의 모습을 담은 사진과 남겨진 유품이 전시된 기념관이 있습니다.

전시실 밖은 우리의 현충원 같은 곳입니다. 담장을 두르고 안쪽으로는 키 큰 야자나무를 심었습니다. 돌판을 깔아 작은 길을 내고, 적색 석관 모양의 무덤들이 노출되어 나란히 줄지어 있습니다.

| 전시실 밖 노출된 무덤

체 게바라와 함께 혁명에 참여했다가 고인이 된 동지 병사들의 무덤이며, 이를 지키는 군인들의 모습도 보입니다. 체제를 바꾸어 보려고 혁명에 목숨을 건 사람들의 의지와 이를 이루고자 했던 어려움이 어떠했을지 잠시나마 상상해 보았습니다. 군인들에게 점심을 배식하러 온 낡은 소련제 차량으로 보아 러시아와의 관계를 어림짐작해 볼 수 있었습니다.

아침을 간단히 먹었으니, 점심은 잘 챙겨 먹어야 합니다. 점심을 먹을 곳은 리조트형 호텔로 수영장, 놀이시설, 식당 등이 고루 갖추어져 있습니다. 공산주의 국가에서도 사람들이 즐길 공간은 필요하겠지요. 뷔페가 먹을 만하다는 추천을 받고 들어가니 손님들이 많습니다. 다른 사람들의 접시를 힐끗 보고 마음이 놓입니다.

| 무덤을 지키고있는 군인들

| 점심을 배식하러 나온 소련제 차량

생선 튀김, 감자와 소고기를 함께 삶은 요리, 달걀 프라이, 삶은 콩, 바나나 튀김과 과일 등을 접시에 가득 담았습니다. 후식으로는 차가운 커피에 아이스크림을 넣은 아포가토로 마무리하였습니다.

| 리조트형 호텔의 수영장 모습

체 게바라의 도시인 만큼 쿠바에서 혁명의 승부처가 되었다는 무장열차 습격 현장을 그냥 지나쳐 갈 수는 없습니다. 책에서 본 기억으로는 당시의 상황이 매우 급박하였고 혁명의 성패를 결정하는 순간이었던 것 같은데, 상상력이 빈곤한 탓인지 전시된 몇 량의 열차와 기관총 몇 정만으로는 그때의 절박함이 그려지지 않습니다. 오히려 '이 정도에서 승패가 결정되었나' 하는 의구심이 들 정도로 약간은 소소하다 못해 조잡하다는 생각도 들었지만, 때로는 큰 승패도 작은 일로 갈리기도 하나봅니다.

멀지 않은 곳에 체 게바라가 아이를 안고 있는 모습의 동상이 있는 빌라클라라도 지나갔는데, 왜 이런 상징물을 만든 것일까요? 그를 이용하여 다양한 사상운동 또는 정신무장 운동을 전개한다는 생각이 듭니다.

| 어린 아이를 안고있는 체 게바라 동상

산타 클라라를 떠나기 전에 시민들이 즐겨 찾는 비달공원에 들렀습니다. 일종의 문화센터 같은 곳에서 쿠바의 빠른 비트음이 들리는데 그냥 지나칠 수는 없습니다. 흥겨운 리듬의 음악이 흐르면, 광대 옷을 입은 사람이 어설픈 연기를 보이고 아이들과 어른들은 격려의 박수를 치면서 즐거워합니다. 놀이가 많지 않은 공산주의 사회에서나 볼 수 있는 광경이리라 생각됩니다. 어떤 일이 펼쳐질지 더 보고 싶었지만, 오늘의 최종 행선지인 트리니다드로 출발해야 합니다.

유네스코가 도시 자체를 세계문화유산으로 지정한 트리니다드는 쿠바의 중부지역 해안가에 위치한 곳으로 구석구석이 아름답고 볼거리가 많습니다. 가는 길에 간간히 비가 내리고 있었습니다. 에어컨이 고장나 열어둔 차창으로 비가 듭니다.
오후 5시경에 숙소인 카사에 도착해 짐을 풀었습니다. 숙소는 걸어서 활동하기 편하면서 밤 문화를 쉽게 접할 수 있는 마요르 광장 인근의 민박집입니다. 손님을 받으려면 어느 정도 시설을 갖추어야 하기 때문인지 현관 입구와 거실, 응접실, 배정받은 방, 식당 등이 아바나의 숙소보다 훨씬 깔끔합니다. 저녁 식당은 맛있는 요리를 먹을 수 있고, 쿠바의 흥과 분위기를 느낄 수 있는 곳이면 좋겠습니다. 몇 군데를 지나쳐서 다다른 곳에 많은 사람들이 있습니다. 마요르 광장 근처이면서, 이곳 특산물인 랍스터를 먹을 수 있고 생음악도 즐길 수 있는 곳으로 정했습니다. 손님들이 잘 볼 수 있는 곳에서 악사들이 전자 오르간, 전자 바이올린, 봉고를 연주하면서 손님들의 흥을 한껏 돋우고 있습니다.

| 바달공원 근처 문화센터의 한 장면

맛있는 음식과 맘보같은 흥겨운 음악이 있는데 모히또라도 한잔해야겠지요. 요리와 음악이 한데 버무려지는 느낌입니다. 손님 중에 한 사람이 연주에 맞추어 신나게 몸을 흔드는 모습을 보려니 쿠바인의 유연성이 춤을 예술로 승화시켜주는 것 같네요. 같이 춤을 추자고 손을 내밉니다. 잘 출 줄은 모르지만 거절하면 예의가 아닐 테니까 음악에 몸을 맡겼습니다. 점잖은 룸메이트도 함께 했습니다. 흥겨운 트리니다드에서의 하루도 지나갑니다.

일곱째 날

2. 3 트리니다드
& 씨엔푸에고스

트리니다드 - 씨엔푸에고스 - 아바나

아침은 아메리칸식으로 숙소에서 준비해 줍니다. 식당에 가려고 회랑을 지나는데 생각보다 많은 방이 있습니다. 현관 옆면의 벽에는 집주인의 딸인듯 싶은 이의 어렸을 적 모습은 그림으로, 조금 더 성장한 처녀 적 모습은 사진을 찍어 벽을 장식하였습니다. 어느 곳에서나 그러하듯이, 이곳에서도 가족은 소중합니다. 그립고 소중한 대상을 장식으로 비치한 것입니다.
식당은 여러 개의 테이블을 붙여 일행이 한꺼번에 식사할 수 있도록 배치하였습니다. 식탁 위에는 종류가 많은 고급 호텔의 뷔페식은 아니지만, 잘 차려진 풀 브랙퍼스트(Full-Breakfast) 음식이 풍성하게 차려져 있습니다. 아침 성찬을 마치고 옥상 겸 휴식 공간인 3층에 올라보니, 관상나무와 여러 종류의 화초를 심어 놓고 썬베드도 비치했습니다. 밖에서 보면 집의 구조가 답답해 보이지만 안에서는 곳곳에

| 줄지어 기다리는 선배드

햇볕이 들어올 수 있는 공간을 만들어 휴게 공간으로 활용하고 있습니다.

오늘은 유네스코가 문화유산으로 지정한 잉헤니오스 계곡(Valle de los lngenios)으로 가서 사탕수수 밭에 있는 노예 감시탑을 둘러본 후, 쿠바의 중부지역에서 가장 아름다운 도시 씨엔푸에고스 시내를 구경하고, 아바나로 귀환하는 일정입니다. 숙소를 나와서 어제 비로 보지 못한 잉헤니오스 골짜기의 사탕수수 농장에 있는 노예 감시탑을 보러 갔습니다. 잉헤니오스는 '설탕제분소'라는 뜻입니다. 이 계곡은 설탕 산업의 발전 과정을 잘 보존하고 있어 설탕 산업 박물관 같은 곳입니다.

이 지역은 18세기 후반부터 쿠바 경제에 있어서 중요한 역할을 했던 설탕 농장과 제분소가 번성했던 곳이기도 합니다. 설탕 산업은 쿠바 경제의 번성과 붕괴를 좌우했고, 현재도 최고의 수출 상품입니다. 농장 입구에서 50여 미터 떨어진 곳에 있는 감시탑까지 가는 길에는 여러 사람이 핸드메이드(Handmade)라고 외치면서 천으로 된 옷가지와 식탁보 등을 경쟁하듯이 팔고 있습니다.

감시탑은 7층이며 250여개의 계단에다 높이 45m라니 15층 아파트보다 높습니다. 꼭대기에 오르면 멀리까지 사방팔방을 감시할 수 있도록 되어 있습니다. 고단한 농장 생활을 참지 못하고 탈출을 도모했던 노예들의 괴롭고 힘들었던 생활을 잠시나마 떠올려 봅니다. 농장의 규모를 가늠해 보면 경계가 겨우 시야에 들어올 정도의 크기여서 실제로 탈출하는 노예를 발견하고 총을 쏜다고 하여도 농장 끝까지는 다다를 수 없습니다. 노예가 탈출하는 비상 상황이 발생하면 아마 감시자가 깃발이나 총소리로 도망한 방향을 알리고, 신호를 받은 자는 말을 쫓아 도망자를 추적했으리라 추측해 봅니다.

| 굉장히 높은 설탕 농장 감시탑

동행한 몇몇 분들은 가성비가 좋다고 하면서 손녀 옷이며 식탁보 등을 구입합니다. 길을 돌려 독립전쟁의 영웅인 호세마르티의 이름이 붙여진 공원과 산 로렌스 대학이 있는, 쿠바의 중부에서 가장 깨끗하고 아름다운 도시 씨엔푸에고스를 향해 갑니다.

씨엔푸에고스는 '페르난디나 데 하구'라는 이름의 에스파냐 식민지 도시였습니다. 1825년에 폭풍으로 도시가 파괴된 후, 이를 재건한 에스파냐 장군 씨엔푸에고스(Cienfuegos)의 이름을 도시명으로 정한 것입니다. 쿠바혁명의 3대 주축인 카밀로 씨엔푸에고스와는 다른 사람입니다. 에스파냐에서 씨엔푸에고스는 우리나라에서 '김', '이', '박' 처럼 흔한 성입니다. 길을 가면서 스멀스멀 떠오른 생각은 쿠바는 과거와 현재가 공존하는 곳이며, 육십 여년 전에 끝난 혁명이 아직도 사회 곳곳에서 지배하고 있는 곳 같습니다. 말과 마차도 이용하면서 세발자동차, 오토바이와 자동차와 함께 운행되는 곳이니까요.

씨엔푸에고스에 도착하여, 광장이며 공원 안에 있는 호세 마르티 동상과 주변 건물을 둘러보고 옆에 있는 찻집에 들렀습니다. 정전으로 커피를 내릴 수 없어, 작은 항아리 모양의 잔에 칸차차라 칵테일 한 잔을 낮부터 마십니다. 칸차차라는 꿀과 럼과 라임 소스를 섞어 만든, 쿠바를 대표하는 칵테일 중 하나입니다. 점심으로 고속도로 옆 KM145라는 휴게소 식당에서 삶은 쇠고기와 감자와 쌀밥을 튀긴 것, 아보카도 몇 조각을 5000원에 먹었습니다. 싸지만 맛은 아쉽고, 양이 많은 식사를 마치고, 아바나 근처에 있는 어니스트 헤밍웨이가 참다랑어 낚시를 하러 출항한 항구를 향해 출발했습니다.

| 호세마르티 광장과 그의 동상

| 세월의 흔적을 느낄 수 있는 성곽 모습

| 바다를 향해 펼쳐진 나무 데크

도착한 포구에는 헤밍웨이 흉상 조각과 세월의 흔적이 느껴지는 작은 성곽의 일부만이 남아서 자리를 지킵니다. 하염없이 펼쳐진 바다와 더할 나위 없이 푸른 하늘이 맞닿아 있습니다. 바다를 향해 만들어진 나무데크 길 끝에서 사람들이 낚시에 한창입니다. 찻집에 들러 아메리카노를 마시면서 벽을 둘러보니, 고래 만한 크기의 참다랑어를 보고 있는 사람들 사진이 눈에 들어옵니다. 다음 행선지는 브라질의 예수상을 본따서 만든 예수상과 체 게바라의 집이라 불리는 박물관이 있는 곳입니다.

| 아바나에 있는 예수상

예수상의 규모는 230톤에 높이는 20m로 1998년에 완성되었다고 합니다. 브라질에서도 세계 불가사의 중의 하나인 거대 예수상을 본다 하여, 눈길 정도만 주고 지나쳤습니다. 아쉽지만 시간이 없어 체

게바라의 박물관은 건너 뛰었습니다. 아바나 시와 푸른 바다, 흰 구름이 어우러진 이곳의 풍광은 어디서나 사진을 찍어도 전문 작가의 작품처럼 보입니다. 한때 에스파냐 부의 원천이었던 금과 사탕수수 등의 수출항이었던 항구를 해적들이나 이웃나라로부터 지켜내기 위하여 여러 개의 성곽을 쌓아 요새를 만들었는데, 그 중 하나인 모르에 왔습니다. 성곽의 가장 높은 곳에 올라와 보니, 그 당시 사용되었던 대포가 여러 문 놓여 있습니다. 성 안에는 예배당도 있고, 그 옆으로는 콜럼버스의 쿠바 발견 등 쿠바의 역사를 간략하게 전시한 약식 박물관도 있습니다. 송혜교와 박보검이 '남자친구'라는 영화를 찍었던 곳이기도 합니다. 인간이 만든 도시와 날것 그대로인 바다를 배경으로 어우러진 이곳 사진을 보여주면 누구나 아바나에 오고 싶지 않을까요?

| 바다를 품은 아바나의 광경과 대포 모습

오늘의 숙소는 마탕에스피노아, 다행히 아바나에서 첫날 머문 집보다 깨끗하고 좋아보입니다. 저녁은 3층 스카이탑에 있는 SK 모히토라는 곳에 갔습니다. 손님들도 십여명 넘게 있었고 생음악도 연주되고 있었으나 어젯밤과 비교되어서인지 흥이 그리 나지는 않습니다. 귀가길에는 자전거 뒷좌석을 마차처럼 개조한 BC(Bicycle Taxi) 택시를 이용하여 집에 왔습니다. 이것도 쿠바 문화 체험의 작은 부분이겠지요.

여덟째 날

2. 4 아바나 시내 구경
– 칸쿤

아바나 – 칸쿤

여행은 불편함과의 동거, 익숙함과의 결별입니다. 또한, 새로운 것을 경험하고자 기꺼이 부담을 안는 활동입니다. 그간 팀으로 활동하였지만, 오늘은 개인별로 특별함과 즐거움을 찾아 나서기로 했습니다. 요번에 감수해야 할 첫 번째 어려움은 아바나 시내 전체를 조망해 볼 수 있는 변변한 지도 하나 없이 나서는 것이고, 두 번째는 제한된 시간입니다. 시간이 많다면 이곳저곳을 세월아 네월아 하면서 여유있게 구경해 볼 수 있었을 텐데…

칸쿤으로 가려면 오후 4시까지는 집결지에 모여야 해서, 주어진 시간은 기껏 7시간 남짓입니다. 오가며 식사도 해야 하니 너무 욕심을 내거나 헤매면 안 됩니다. 어디를 가고 얼마나 탐구할 것인지를 각자가 정해야 합니다. 안내 책자에 있는 작은 지도로 도시 전체를 훑어

| 한적한 오비스뽀 거리

보니 신시가지까지의 탐색은 불가능합니다. 구도심인 센트로 아바나와 아바나 비에하(Old Habana)에 집중하여 시간을 보낼 계획입니다.

출발 지점은 숙소 인근에 있는 스페인 대사관입니다. 시내에서 멀리 보이는 모르성을 바라보니, 성채가 바다에 떠있는 것처럼 보입니다. 아기아르 골목과 총독 관저를 지나 관광객들이 가장 많은 오비스뽀 거리에 들어섰습니다. 1년 내내 축제가 끝나지 않는 거리로 서울의 명동 같은 곳인데, 너무 이른 시각이라 관광지로서의 활기찬 모습은 덜 느껴집니다.

헤밍웨이가 머물렀다는 암보스 문도스 호텔을 보면서 스토리텔링의 힘을 절감했습니다. 많은 호텔이 있지만 굳이 이 곳에 사람이 몰리는 이유는 헤밍웨이라는 대작가가 머물렀던 공간이기 때문입니다. 그가 투숙했던 5층 방 하나는 입장료를 내야 들어갈 수 있습니다. 이 수입이 숙박료로 받는 수입보다 훨씬 많다고 합니다. 여행지에서 사람을 끌어들이는 요소 중 가장 큰 매력은 스토리입니다. 어렸을 때부터 들

| 암보스 문도스 호텔 입구

어온 이야기는 뇌리에 박혀 잊혀지지 않게 됩니다. 대성당 광장은 이름에 걸맞게 아바나 대성당이 먼저 눈에 들어옵니다.

유럽의 성당은 웅장하고 위압감이 느껴져 가만히 앉아 있으면 없는 죄도 떠오르게 하는 곳인데, 이곳 대성당은 소박하고 친밀감이 느껴지는 공간으로 한때 콜럼버스의 시신이 묻혔던 곳이기도 합니다. 가까이에 있는 공예품을 전시하는 아르떼 박물관과 국립미술관을 지나, 라 아바나 국왕군성에 왔습니다. 총독관저가 세워지기 전에는 총독이 살았던 곳이며, 현재는 항해사 박물관으로 사용되고 있습니다. 바닷가 길을 따라 걷다보니 상공회의소 광장과 아시스회 산 프란시스꼬 수도원이 보입니다. 시내 곳곳에 있는 조각품과 조형물들을 보면 한층 돋보이는 쿠바의 예술 수준을 알게 됩니다. 아바나 시민들의 삶을 엿볼 수 있는 재래시장이 눈에 띄었는데, 비록 공산주의 국가이

| 아바나 대성당 입구

| 인상 깊었던 아바나의 조형물

지만 여느 시장처럼 생동감이 넘칩니다. 여러 곳을 둘러봤고 시간도 많이 지나서 사람들이 많이 모여 있는 피자집에 들러 피자와 음료로 배를 채웠습니다. 중앙공원에서 휴식을 취하면서 나머지 시간을 어떻게 보낼지 궁리해 보았습니다.

미국 국회의사당을 본떠 만들었다는 아바나의 랜드마크 까삐똘리오와 대극장까지 보았으니 구경은 많이 한 셈입니다. 이제는 헤밍웨이가 다이끼리(Daiquiri)를 즐겨 마셨다는 라 라플로디따에 갑니다. 다이끼리는 쿠바의 유명한 증류주로 라임이나 레몬주스와 설탕이나 사탕수수즙을 넣어 만든 칵테일입니다. 대문호가 그 맛에 취해서 연거푸 13잔을 마셨다는데, 그 맛이 어떤지 시음도 하고 생음악도 즐기면서 쉬고 싶습니다.

| 헤밍웨이가 즐겨 앉았던 자리에 있는 그의 흉상

명사가 다녀가서 명소가 된 곳은 늘 북적입니다. 출입구 바로 옆에 자리를 잡은 4인조 밴드는 룸바, 차차차 등 흥겨운 쿠바 음악을 연주하면서, 리듬에 맞추어 열정적으로 연신 몸을 흔들어 댑니다. 칵테일을 시켜서 한 모금씩 마시면서 음악을 즐기는 재미가 쏠쏠합니다. 기

분 좋은 시간을 보냈으니 팁을 주고 물러나야 다른 사람도 즐길 수 있습니다.

짧은 시간이었지만, 쿠바인들은 정열적이면서 자유분방하고, 살림살이는 부족해도 만족해하고, 본능에 충실하게 살면서 행복을 느끼는 사람으로 보입니다. 시간이 멈추어버린 곳이지만, 그 축적된 에너지를 언젠가는 폭발시킬 수 있을 거라 여기면서 정해진 약속 장소를 찾아 갔습니다.

| 재래시장

Part
03.

페루 | Peru

리마, 바예스타섬, 이카(사막체험),
나스카, 쿠스코, 모라이, 오얀따이땀보, 마추픽추,
우만타이 호수, 푸노, 티티카카 호수

열두째 날

3. 1 페루(Peru) 리마 : 식민지 시대의 건축과 신도시가 병존하는 수도(首都)

리마 시내

따뜻한 멕시코에서 일교차가 큰 페루의 고산지대에 왔습니다. 밤에는 기온이 많이 떨어지기 때문에 준비해온 내복을 입고 두터운 겉옷을 껴입었는데도 추워서 잠을 잘 수 없었습니다. 갑자기 추운 곳으로 온 탓인가 하고 아침에 일어나서 커튼을 젖혔다가 지난밤 추위의 원흉을 짐작할 수 있었습니다. 이곳의 추운 날씨도 한 몫 하였겠지만 부실 공사로 벽과 창틀 사이에 손가락 두께 정도의 틈이 있고, 그곳으로 황소바람이 들어와서 더욱 추웠나 봅니다. 마무리가 제대로 안되는 나라에 온 것을 체험한 것입니다. 하루를 더 머물러야 하기 때문에 방을 바꿔주도록 부탁하고 스크램블 에그, 커피, 샌드위치로 간단한 아메리칸식으로 아침 식사를 마쳤습니다.

숙소가 구도심에 있어 먼저 구도심을 둘러보고, 시간이 남는 대로 신도시 쪽으로 이동해 리마 시내를 구경하는 것이 오늘의 일정입니다. 체류하는 나라가 바뀌었으니 우선 페루 돈으로 환전을 해야 합니다.

우리나라의 남대문 시장에서 영업하는 환전상들이 달러의 가치를 더 쳐주듯이, 남미에서도 환전상들이 은행보다 좋은 조건으로 환전을 해줍니다. 산 마르틴 광장으로 가는 길에는 남대문 시장처럼 환전 가게가 몰려 있습니다. 보다 좋은 조건을 제시하는 곳에서 돈을 바꾸고 몇 걸음 걸으니 바로 산마르틴 광장입니다.

| 우뚝 솟은 산마르틴 동상

산마르틴 광장은 남미를 독립시킨 영웅 호세 데 산마르틴의 이름을 따서 만든 광장으로 중앙에는 그를 기리는 동상이 세워져 있습니다. 이곳도 에스파냐의 식민지였으니, 그들의 도시 건설 방식대로 광장을 중심으로 도시가 발달하였습니다. 광장의 태동은 민주주의를 실천하는 공간으로 활용하던 그리스 시대로 거슬러 가야 합니다. 고대 그리스의 도시국가에서 시민들이 자유롭게 토론을 벌이던 곳이 광장이었던 것이지요. 2천 여년의 시간이 흘러, 신 중심 시대였던 15세기에 스페인의 식민 도시마다 광장을 건설했던 까닭은 무엇일까요? 광장은 많은 사람들이 모이는 곳인데 모여서 무엇을 했을까요?
당시 노예들의 거래가 활발하였을 터이니까 노예들을 팔고 사는 시

장터로도 썼을 것입니다. 대중을 모이게 하는 곳으로 활용하였고, 이럴 필요가 없어졌을 때는 공원으로 사용했습니다. 사방으로 제법 웅장한 규모의 빌딩이 보이고 한쪽 도로에서는 시민들이 데모하는 모습도 보입니다. 데모대의 규모가 작아서인지 아니면 그쪽 거리에 자기들의 요구를 해소해줄 기관이 있어서인지 우리에겐 다행스럽게도 데모대가 광장을 점령하지는 않았습니다. 아이를 들쳐업은 어머니가 관광객들에게 토산품을 팔고 있습니다. 특별한 기술이 없는 사람은 몸을 고단하게 움직여야 먹거리가 해결되는 것은 어느 곳이나 마찬가지인 모양입니다. 가장 번화한 라우니온 거리를 따라 북쪽으로 다섯 블록 걸어가니 아르마스 광장이 나옵니다. 1991년 유네스코가 세계문화유산으로 지정한 곳으로 주변에는 식민지 지배 당시의 건축 양식을 보여주는 대성당이 있습니다. 대통령궁, 산 프란시스코 수도원, 종교재판소도 둘러봤습니다. 두 곳의 성당에서는 결혼식이 한창인데, 남녀 들러리들이 같은 색의 옷을 입고 식의 분위기를 띄우고 있습니다.

| 아르마스 광장 주변

| 리마의 뒷골목

시간을 내어 리마의 뒷골목과 산언덕 쪽으로 판자촌이 보이는 강변도로에 나가보니, 아마추어들의 안무 시험 공연과 구경꾼들과 이런저런 군것질 거리를 파는 사람들로 또 다른 도시 문화를 엿볼 수 있습니다. 리마는 페루 인구의 삼분의 일인 8백만명이 모여 살고 있는 대도시입니다. 강 건너 산동네를 보니 산 밑에서부터 사람이 살 수 있을까 하는 높이까지, 마치 모자이크한 벽화처럼 주택들이 빼곡히 자리를 잡고 있습니다.

리마의 식민지 시대 건축물 중 가장 아름다운 건물로 보이는 토레타글레 궁전(Palacio de Torre Tagle)을 찾아갔습니다. 멋진 모습은 세계문화유산으로 지정되어 있으며, 페루 화폐의 하나인 20Nuevos Soles에 담겨져 있습니다. 산마르틴 장군이 1735년 당시 총독이었던 토레타글레 후작을 위하여 지은 궁전으로 현재는 외무부 청사로 쓰고 있어, 여권을 소지하지 않으면 들어갈 수 없습니다. 아름다운 정원은 보지 못하고, 화폐에서 본 건물 벽보다 뛰어나온 목조 발코니의 모습만 사진에 담아 봅니다.

| 화폐에서 본 목조 발코니 모습

허기도 지고 점심시간도 지나 손미나 작가가 그녀의 여행기에서 페루 현지 친구와 맛있는 식사를 했다는 곳을 떠올리고, 그곳으로 이동했습니다. 이곳은 우아카푸크야나 고대 유적지 중 하나입니다. 흙으로 만든 계단식 피라미드가 영화관처럼 펼쳐진 곳을 바라보며, 테라스에서 식사를 할 수 있다고 하여 찾아왔습니다. 예약이 안 되어있으니 음료만 마실 수 있답니다. 입구에서 사진으로 모습만 담고, 겉모

습이 그럴 듯해 보이는 이웃 식당으로 갔습니다.

건물 외벽을 붉은 색으로 장식하여 건물이 눈에 잘 띕니다. 상호는 ACC로 친목을 도모하는 클럽 카페의 머리글자를 따온 것입니다. 음식은 우리 식 회무침인 세비체, 등심을 잘게 썰어 감자, 양파, 마늘과 함께 볶은 로모 살타도, 파스타, 이름도 이상한 변덕스러운 피자가 있습니다. 음료로 페루 와인인 피스코에 라임즙과 달걀 흰자 거품을 섞어 만든 피스코 사워를 곁들이니 아주 풍성한 점심이 되었습니다.

| 창 너머로 보이는 계단식 피라미드

식사를 한 레스토랑이 이미 신도시 가까이에 있어, 젊은이들의 성지인 사랑의 공원까지 걸어서도 20분 남짓 거리를 소화도 시킬 겸 걸었습니다. 가는 길에 현대차 판매장도 보입니다. 국부를 키워온 우리 기업들의 역량이 느껴집니다.

사랑의 공원은 남녀가 누워서 진한 입맞춤을 하고 있는 조각상에서 연유된 이름입니다. 이곳에서 첫키스를 하면 절대 헤어지지 않는다는 말이 전해져 연인들이 모이는 장소입니다. 전해지는 말만으로는 부족했던지 사랑의 언약을 파기하지 못할 장치가 필요한 모양입니다. 남산타워 근처에 있는 철펜스의 자물쇠처럼 이곳에도 사랑의 약속을 맹세하는 자물쇠가 수없이 채워져 있습니다. 스페인의 바르셀로나에 있는 구엘 공원처럼 사랑의 조각상 주위에 낮은 담장을 두르고 타일을 붙여 모양을 냈으나, 색조와 섬세함에 있어서는 비교할 수 없습니다.

| 사랑의 공원에 있는 입맞춤 조각상

공원 근처에선 경사가 급해서 바다에서 부는 바람이 절벽에 부딪히면서 일어나는 상승기류를 이용해 패러글라이딩을 하고, 바다 위로는 윈드서핑하는 모습도 보입니다. 복합 쇼핑몰인 라르코 마르에 들러 가볍고 방한이 잘 된다는 아기 야크로 만든 머플러와 옷을 파는 가게에도 가보았습니다. 해가 뉘엿뉘엿 떨어지면서 바다를 붉게 물들이는 모습은 형언할 수 없이 아름다웠으나, 사진으로는 붉게 물든 노을의 모습을 제대로 담아내지 못하는 게 안타까워 오래도록 눈에 담고 돌아섰습니다.

시간이 흘러, 우버를 불러 숙소를 향했습니다. 기사가 다 왔다고 하여 주위를 둘러보니 숙소와는 전혀 다른 곳입니다. 이름은 같으나 다

| 해가 떨어지는 바닷가 모습

른 곳인 모양입니다. 낯선 곳에서 행선지를 찾을 때는 동명이지(同名 異地)인 곳도 있을 수 있으니, 길을 헤매지 않으려면 늘 재점검이 필요합니다. 저녁은 컵라면과 과일로 충분했고, 내일 일정을 대비하여 곧바로 잠자리에 들었습니다.

열세번째 날

3. 2 작은 갈라파고스 : 바예스타섬 & 이카에서의 사막 체험

리마 – 피스코 – 파라카스 – 이카 – 와까치나 – 나스카

남미 대륙의 서쪽에 자리 잡고 있는 국가를 여행하는 사람들은 필연적으로 무려 7,000Km에 달하는 세계에서 가장 긴 안데스 산맥과 만나게 됩니다. 안데스는 '하늘까지 이어지는 밭'이라는 뜻이며, 높은 곳에서도 밭을 일구며 사람들이 살아가는 곳으로 생각하면 됩니다. 산맥을 이루는 산의 크기와 높이가 산맥이 펼쳐진 지역에 미치는 영향력과 지배력을 좌우합니다. 우리의 여정도 아마 앞으로 보름 이상을 안데스 산맥 위로 또는 산맥을 보면서 이동할 것입니다.

오늘은 기네스북이 인정한 세계에서 가장 긴 팬아메리칸 하이웨이를 따라 리마에서 나스카까지 총 447km의 거리를 달리면서 보아야 할 곳과 즐겨야 할 활동이 있기 때문에 새벽 5시반 경에 숙소를 나왔습니다.

어제 리마의 바닷가 쪽에서 멀리 있는 도로를 보니, 시야가 맑지 않고 희뿌옇게 보여 여기도 미세먼지가 많은가 보다 지레 짐작하고 지나쳤습니다. 오늘도 해안도로를 따라 달리는데 세상이 온통 뿌옇게 보여 미세먼지 탓을 하였더니, 어느 분이 "이곳은 적도에 가까운 곳이지만 바다에 흐르는 훔볼트(Humboldt) 조류의 영향을 받아 기온은 그렇게 덥지 않고 한류가 따뜻한 공기를 만나 상시 안개가 희뿌옇게 끼어 있다"고 설명해줍니다. 한 시간 반을 달려 아시안 마켓이라는 휴게소에 도착했습니다. 여기에서도 화장실을 이용하려면 돈을 내야 합니다. 화장실에 가는데 일행 중 한 분이 '부인이 돈 지갑을 관리하고 있어, 볼 일도 마음대로 못 본다'고 우스갯소리를 합니다. 여행지에서도 돈 주머니를 관리하는 한국의 여성 파워를 절감합니다.

휴게소를 떠나 다시 시간 반을 지나 파라카스에 도착했습니다. 파라카스는 '모래바람'이라는 뜻으로, 리마에서 260km 떨어진 해상국립 공원입니다. 여기에 온 이유는 바예스타 섬(Ballestas Islands)을 찾아가기 위해서입니다. 바예스타 섬은 여행자들 사이에서 여러 개의 이름으로 알려져 있습니다. 작은 갈라파고스, 페루의 갈라파고스 또는 가난한 자의 갈라파고스로도 불리어집니다. 갈라파고스와 유사하지만 규모가 작고, 갈라파고스에 가려면 경제적 부담이 크지만 주머니가 얇은 사람들이 적은 돈으로도 거의 비슷한 것을 볼 수 있다는 뜻에서 붙여진 이름들입니다.

선착장에서 보트를 타고 섬을 향해 출발하면 맨 먼저 눈에 들어오는 것은 헤아릴 수 없이 많은 새들이 열을 지어 여기저기로 날고 있는 모습입니다. 얼마를 더 지나니 생명체는 도저히 살 수 없는 사막같이 생긴 섬이 나타납니다. 이 섬에 가까이 가면 섬 언덕의 경사면에 큰 나무선인장과도 같고 촛대 모양처럼 보이기도 하는 그림을 볼 수 있습니다. 높이170여m, 폭60여m의 촛대를 뜻하는 칸델라브로(Candelabro)로 불리어지는 지상화입니다. 누가, 언제, 왜 그렸는지는 모르지만 나스카에 있는 그림에 대비하여 '작은 나스카'라 부릅니다.

| 칸델라브로(촛대) 지상화

지상화가 있는 섬을 지나면 훨씬 더 많은 새무리가 날고 있고, 보트가 지나가는 작은 섬들에는 바다사자, 물개, 가마우지, 펭귄 등 온갖 해양 동물들이 무리 지어 터를 잡고 있습니다. 수만 마리 아니 수십만 마리의 바닷새들이 한꺼번에 내려앉은 모습은, 불이 나서 다 타버리고 이곳저곳이 까맣게 변해버린 산을 연상하면 될 그런 광경입니다.

많은 새들이 배설해내는 똥 냄새 또한 배를 타고 가는 내내 코를 찌릅니다. 이런 새똥이 점점 축적되어서 일종의 광물질인 구아노를 만듭니다. 구아노는 다량의 영양분과 유기물이 풍부하여 비료나 화약의 원료로 사용되어 페루 경제가 호황을 누리는 데 일등공신이 되기도 하였습니다. 안타까운 일은 이것이 볼리비아와 페루 연합군이 칠

| 철새들의 군무와 언덕에 내려 앉은 모습

| 일상을 보내는 펭귄과 물개

레와 벌인 태평양 전쟁의 한 원인이 되었다는 점입니다. 풍부한 영양분이 바다에 녹아들어가 플랑크톤의 생육에 도움이 되고, 플랑크톤이 넘쳐나니 이를 먹는 물고기 등이 몰려들고, 물고기를 잡아먹는 새들이 모여드는 먹이사슬의 선순환 구조가 자리 잡히면서 해양 동물의 천국이 된 것입니다. 가이드북에 나오지도 않았고, 당초 여행 계획에도 갈라파고스는 없었습니다. 예상하지도 못한 페루의 갈라파고스로의 여행은 나에게는 깜짝 선물이었고, 오랫동안 기억에 남을 여행지가 될 것입니다.

항구로 다시 돌아와서 점심으로 세비체, 생선튀김, 볶음밥과 칵테일인 쿠스코사워를 주문했더니, 덤으로 옥수수 튀긴 것을 주는데 땅콩보다는 덜 고소했지만 먹을 만했습니다.

| 오아시스 마을 와까치나

파라카스를 떠나 한 시간 반을 지나 이카에 있는 작은 오아시스의 마을인 와까치나에 도착했습니다. 오아시스는 사막에 물이 있는 지역을 말하지만, 현재는 비옥한 땅을 일컫는 말로도 쓰입니다. 사막에서 오아시스를 만나니, '사막이 아름다운 것은 어딘가에 우물을 감추고 있기 때문이에요' 라는 생텍쥐페리의 어린왕자 한 구절이 떠오릅니다. 돌아보는 데는 채 30분도 걸리지 않는 사막으로 둘러싸인 작은 마을입니다. 사막의 모래 언덕은 경계가 어디까지인지를 가늠할 수 없습니다. 사막 체험의 하나로 강력한 엔진과 튼튼한 철골로 무장한 버기카(Buggy car : 벌레모양의 차)를 타고 언덕이 많은 사막 이곳저곳을 질주합니다. 기사는 경사가 심한 모래 언덕을 오르락내리락 달리면서 덜덜거림과 추락감을 실감나게 해줍니다. 건강한 사람에게는 흥을 더해주지만, 일행 중에는 허리가 아픈 분도 계셔서 은근히 염려도 되었는데 별 문제가 없이 즐거워하니 다행입니다. 모래 언덕의 높은 곳에 다다른 우리는 다음 체험을 위하여 차에서 내렸습니다.

이제부터는 스노우보드 대신에 샌드보딩! 한 사람씩 보드를 나누어

| 오아시스에서의 버기카

받아 경사가 심한 모래 언덕을 타고 내려오는 것입니다. 샌드보드는 20~30m 언덕도 순식간에 내려와 버리니 오히려 아쉬움이 남습니다. 부지런한 사람은 보드를 들고서 또 다른 언덕을 찾아서 몇 번 더 체험을 했습니다. 버기카 기사가 출발했던 곳으로 다시 데려다 주면서 오아시스가 있는 곳까지는 걸어가야 된다고 합니다. 발을 내디딜 때마다 모래가 미끄러져 모래 길을 걷는 것은 생각보다 힘들었습니다. 오아시스 주변을 유원지처럼 개발하여 여기에 온 여행자가 즐길 수 있는 공간으로 만들어 놓았습니다.

'사막에서 바라보는 해 지는 모습이야말로 장관이다'는 말을 들었지만 내일의 일정을 위해서 해 질 때까지 머물 수는 없습니다. 모래 언덕에서의 색다른 체험에 대한 아쉬움을 뒤로 한 채 달리고 달려서 오늘의 최종 목적지인 나스카에 도착하니 오후 7시가 넘었습니다. 숙소는 나스카의 작은 광장 근처입니다. 내일 나스카에 있는 지상화를 감상하려면 짧은 구간을 선회하는 경비행기를 타야 합니다. 인솔자는 적응하려면 '오늘 저녁과 내일 아침은 간단히 먹는 것이 좋다'고 조언을 해줍니다. 광장 주변에 있는 동네 식당에서 가볍게 식사를 마치고 나스카의 지상화를 보게되리라는 기대감을 안고 잠자리에 들었습니다.

| 샌드보드 체험

열네번째 날

3. 3 나스카 자상화 :
외계인의 우주정거장?

나스카 – 리마

초등학교 3학년 때, 친구 집에 갔더니 오렌지색 하드커버로 된 어린이 세계 명작 전집이 잔뜩 꽂혀 있었습니다. 그 중 하나가 '어린 왕자'였는데, 어린 왕자의 그림이 사이사이 나오고 이상한 바오밥 나무의 그림도 본 기억이 있습니다. 책을 다 읽었는데 무슨 이야기인지도 잘 모르겠고, 이런 이야기를 왜 명작이라고 하는지는 더더욱 이해할 수 없던 때입니다. 시간이 많이 흐른 후 어른이 되어서 그 책을 다시금 읽어 보니 내용도 이해되고, 이야기 속 상징도 짐작할 수 있었습니다. 두고두고 머릿속에 남는 것으로 보아 확실히 명작인 것 같은데, 어린이를 위한 명작은 아닌 것 같습니다.
실상 어린 시절 가장 재미있게 읽었던 책으로는 괴도 루팡, 셜록 홈즈, 암굴왕 같은 이야기들이 있습니다. 이 책들보다 더욱 흥미롭게 읽었던 것은 소년중앙이라는 월간잡지였습니다. 특히 별책으로 발간되는 만화는 손에 들어오는 순간 끝쪽을 넘겨야만 다른 것을 할 수 있었습니다.

'우주 소년 아톰', '타이거 마스크', '요괴 인간 뱀, 베로, 베라' 같은 부록 만화책의 제목은 아직도 머릿속에 생생하게 남아 있습니다.

많은 사람들에게 외계인, 우주선, UFO와 같은 단어는 어렸을 때부터 줄곧 호기심의 대상이었을 것입니다. 이런 이야기를 귀기울여 듣고, 눈에 띄면 열심히 탐독했던 기억이 납니다. 오늘 만나게 될 나스카 라인(Lineas de Nazca) 또는 나스카 지상화, 세계 유산에 등록된 이름으로는 나스카와 후마나 평원의 선과 지상화(Lineasy geoglifos de Nazca y de pampas de jumana)도 어렸을 때 잡지에서 보았던 '외계인이 만든 우주선 착륙장'이라는 기억과 연결되어 그 이름이 생생합니다. 이런 정보를 처음 접하였을 때에는 "우주에도 우리 같은 생명체가 살고 있을까? 살고 있다면 어떻게 생겼을까? 정말 외계인이 그린 그림인지? 외계인이 그렸다면 왜 그렸을까?" 등등 무수히 많은 궁금증의 나래를 펴보곤 했습니다. 성인이 된 다음에는 하나의 가설이라는 것을 알았고, 그 가설 또한 믿기 어렵다고들 하여, 흥미가 줄어든 것은 사실입니다. 그렇지만, 아직도 이에 대한 풀리지 않은 미스터리는 여전하니 소싯적 떨림을 떠올려 보면서 지상화 구경에 나섰습니다. 지상화가 오늘 날까지 보존된 것은 훔볼트 해류의 영향으로 이 지역에 바람이 없고, 비가 내리지 않는 사막 형태로 이천여년이 지난 지금까지 남아있기 때문입니다. 세기의 만남까지는 아닐지라도 오랫동안 보기를 갈망했던 구경이니 제대로 이루어져야 합니다. 어제 저녁부터 식사를 조절하도록 한 것도, 비행 중 멀미로 고생할 수 있을 가능성을 줄여 보려는 것이었습니다. 어릴 적부터 차를 타면 멀미를 했던 터라 준비해간 멀미약도 이미 두 시간 전에 복용했습니다.

| 비행장 입구와 대기장

| 타게 될 경비행기

나스카 시내에서 차로 15분여 정도를 가서 나스카 지상화를 구경하는 비행기가 출발하는 비행장이 나타납니다. 6인승에서부터 좀 더 많은 사람이 탈 수 있는 경비행기까지 십여 대 이상의 비행기가 눈에 들어옵니다. 혹시 모를 사태를 대비해서 여권이 없으면 탑승이 불가능합니다. 여권을 제출하면서 탑승자의 체중도 측정합니다. 경비행기이기 때문에 좌우측간의 균형을 잘 맞추어서 안전한 비행을 하려는 것입니다. 이를 맞추려 하다 보니 일행 중 어느 부부는 서로 다른 비행기를 타는 일도 생겼습니다. 비행기 앞에 서니 비행사가 환영의 인사와 안전한 운행으로 불가사의한 나스카 지상화의 구경을 책임지

| 잘생긴 비행사

겠다는 다짐을 하면서 연신 사진을 찍어주었습니다.

탑승하여 안전벨트를 매고 설레는 마음으로 이륙을 고대하고 있는데, 비행사가 우리 쪽으로 고개를 돌려 엄지척을 해줍니다. 활주로를 떠난 비행기는 얼마를 상승하다가 지상화가 있는 쪽으로 방향을 선회합니다. 지상과 수평으로 비행하여서는 땅 위에 있는 그림들을 자세히 볼 수 없으므로, 비행사는 그림이 보일 때마다 오른쪽과 왼쪽으로 번갈아 수직 비행을 하며 승객들이 고르게 지상화를 감상할 수 있게 합니다. 나스카 라인의 그림과 도형들은 사진과 동영상에서 여러 차례 보아왔고, 원하면 언제든지 찾아볼 수 있습니다. 멀미를 염려하는 나는 사진 찍는 일은 처음부터 포기하고 구경에 집중하였습니다. 비행기의 항로는 탑승할 때 나누어진 그림에 따라 비행을 하고, 보조 비행사가 그림의 이름을 불러 주면 우리는 실재를 확인하는 것입니다. 고래, 컴퍼스, 이등변 삼각형을 볼 때까지는 별다른 증상이 없었

| 지상화 그림 모음

는데, 서서히 콧잔등과 등 뒤에 땀이 나면서 배가 조여오는 느낌으로 보아 멀미가 시작되는 모양입니다. 허리띠를 느슨하게 하고 심호흡을 해보지만 차도가 별로 없습니다. 불러주는 그림을 찾기 위하여 정신과 시선을 집중해 봅니다. 원숭이, … 손을 차례로 보여줍니다. 도마뱀 그림은 팬 아메리칸 고속도로로 꼬리가 잘린 상태입니다.

문화유산을 보존하는 일보다 도로 건설이 중요하게 생각되었던 모양입니다. 이런 그림이 남게 된 데에는 나스카 지상화 연구에 평생을 바쳐온 독일인 마리아 라이헤(Maria Reiche)의 목숨을 건 투쟁이 있었습니다. 페루 정부는 1955년 댐을 건설하기 위하여 이 지역을 수몰시키려고 하였습니다. 그녀가 반대하자 뜻을 이루지 못했는데, 아이러니하게도 나스카 지상화를 지키려는 그녀의 헌신을 기념하기 위하여, 현재는 그녀의 생일을 페루의 국경일로 정해 그녀를 기리고 있습니다. 우리가 비행기를 탔던 비행장도 그녀의 이름을 따서 마리아 라이헤 네우만 공항이라고 작명했습니다. 마지막 그림인 나무까지 보고 구토없이 어렵사리 무사히 회항했습니다. 비행을 마친 우리에게 비행사에서 증명서를 발급해줍니다. 번역기를 돌려보니 '이형

| 항공사에서 나누어준 증명서

철님은 우리 항공기를 타고 인류의 문화유산인 불가사의한 나스카 라인 위를 비행하였습니다. -페루 보엘 에어 항공사-'라는 내용입니다. 증명서까지 받고 나니 고생이 헛되지 않은 기분입니다.

일행 중 한 분은 고소공포증으로 탑승하지 못하여 전망대에 들러서 지상화 일부를 보았습니다. 오늘의 나머지 일정은 점심을 먹고 안전하게 리마로 돌아가는 일입니다.

열다섯번째 날

3. 4 잉카 제국의 수도 : 쿠스코

리마 – 쿠스코

여행이라는 말 앞에 어떤 형용사를 꾸밈말로 붙여야 만족스러운 여행이 될 것인지를 생각해 보았습니다. 재미있는, 즐거운, 유익한, 멋진, 볼거리가 많은, 흥겨운, 울림이 있는, 힐링이 되는 등등 여러 말을 떠올릴 수 있습니다. 어떤 꾸밈을 선택할 것인지는 각자의 기호에 따라 달라질 것입니다. 여행지가 어느 곳인가에 따라서도 꾸밈말은 달라질 것입니다. 웅장한 자연 풍광을 볼 것인지, 험준한 산악을 정복해 볼 것인지, 아니면 역사적 유적 등을 둘러볼 것인지에 따라 만족을 얻기 위한 준비는 달라집니다. 산행이나 트레킹을 하려면 어느 정도 체력이 뒷받침되어야 할 것이고, 오늘처럼 잉카의 마지막 수도인 쿠스코를 여행한다면 잉카의 역사와 문화에 대한 기초 지식이 있으면 감동과 누림이 배가 될 수 있을 겁니다. 리마공항을 이륙한 비행기는 2시간 10여분을 날아서 쿠스코에 도착했습니다. 잉카(Inca)

라는 말은 원래 태양신 인티의 아들인 잉카 제국의 황제를 지칭하였는데, 오늘날에는 잉카가 다스리는 제국의 사람을 통칭하는 용어로 사용됩니다. 잉카인들은 하늘에는 독수리가, 자신들이 발을 딛고 있는 땅에는 퓨마가, 사후에 영혼이 머무는 지하세계에는 뱀이 지배한다고 믿었습니다. 이러한 잉카인의 믿음에 따라 수도인 쿠스코를 설계하면서 도시 전체가 퓨마의 모습이 되도록 건설하였습니다. 잉카의 제9대 왕인 파차쿠텍 잉카 유팡키(Pachacutec Inca Yupanqui : 재위 1483-1471)는 그저 소규모 왕국에 불과했던 잉카가 거대한 제국으로 성장하는 기틀을 다진 인물입니다. 이런 업적에 걸맞게 그의 이름은 '지구를 흔드는 자', '시간과 공간을 흔드는 자', '세상을 개조하는 자'라는 뜻을 갖고 있습니다.

해발 3,400m에 있는 쿠스코를 정비하면서 돌들을 정교하게 쌓아 군사시설로는 요새로, 종교적으로는 신전으로 사용한 삭사이우아만(Sacsayhuaman)을 퓨마의 머리로 생각하고 건설하였습니다. 이곳 지형은 파란하늘 아래 안데스 산맥의 산, 평야와 계곡이 함께 펼쳐져 아름다운 풍경을 볼 수 있습니다. 넓은 평지가 있어 대규모 농사도 가능합니다. 퓨마의 펄떡이는 가슴을 따라 후아카파타(Huacaypata), 현재의 아르마스 광장을 만들었고, 꼬리로는 태양신전인 코리칸차(Qrikancha)를 재건해냈습니다. 코리칸차는 '황금이 있는 곳'이라는 뜻입니다. 16세기 에스파냐 군대에 의하여 대부분이 파괴되기 전에는 금으로 장식한 유물이 많이 있었습니다.

잉카 제국에는 말은 있었지만 글로 쓰는 문자는 없었고, 키푸(Quipu)가 이를 대신하였습니다. 키푸는 결승(結繩)문자로서 줄을 이용했습니다. 커튼과 같이 나무 막대기에 줄이 주렁주렁 매달린 것입니다. 매듭의 형태, 매듭의 위치, 줄의 색깔인 세 가지 요소가 문자의 뜻을 결정합니다. 키푸를 이용해서 농산물의 수확량, 가축 숫자, 인구, 중요한 사건을 파악하는 데 사용했습니다.

쿠스코는 잉카인이 사용한 언어로는 '세상의 배꼽'이라는 의미이며, 잉카문명의 중심지를 인체의 부위로 상징하여 표현한 것입니다. 현재는 잉카의 성스러운 계곡으로 들어가는 관문인 동시에 페루 원주민 문화와 관련되어 가장 중요한 지역 중 하나가 되었습니다. 2017년 기준으로 인구는 42만이며 도시 규모는 페루에서 아홉 번째이나 경제 규모로는 서너 번째입니다. 이는 잉카시대의 유적들과 16세기의 에스파냐 건축물들이 풍부한 관광자원이 되어 큰 몫을 하고 있기 때문입니다.

여행 일정의 삼분의 일이 넘어가는 날입니다. 리마를 떠난 우리는 3,400m 높이인 쿠스코에서 산소가 희박하여 발생하는 고산증에 노출되지 않도록 가능한 천천히 걸을 것 등 다양한 예방책을 인솔자에게 들었습니다. 쿠스코 공항에 도착하니 인솔자의 가까운 지인으로 보이는 사람이 마중을 나왔습니다. "여기에서 한인 민박 숙소인 '꼼마'를 운영한다"고 자기를 소개합니다. 약간은 보이시하게 보이는 젊은 여성이 시원시원한 목소리로 쿠스코에 관한 정보를 간략히 알려줍니다. 모처럼 동포를 만나서인지 가까운 사이인 것처럼 느껴지는 것은 나만의 느낌일까요?

숙소에 짐을 푼 우리는 먼저 아르마스 광장에서부터 쿠스코 답사를

| 쿠스코 대성당

시작했습니다. 1991년에 유네스코가 세계문화유산으로 지정한 아르마스 광장 주변에서 제일 먼저 눈에 띄는 것은 에스파냐 식민 지배시대에 건축된 쿠스코 대성당입니다. 잉카의 정신을 말살하기 위하여 잉카의 비라코차(Wiracocha) 신전 자리인 성스러운 공간 위에 자기 종교의 건축물인 대성당을 덧입혀 버렸습니다. 이교도의 상징을 철저히 파괴함으로써 선진 강국의 힘을 보여주고, 자신들의 문명이 우월하다는 것을 알려주려는 정책입니다. 공존이나 병존을 모색하는 것이 아니라, 힘으로 부셔버리는 것이 과연 앞선 나라라고 해야할지 곱씹어 봅니다. 인근에 있는 콤파니아(Compania) 교회도 삭사이우아만 신전이자 요새를 무너뜨리고 가져온 돌을 사용하여 건축하였습니다. 영어로 설명된 내용에는 "궁전(Palace)을 파괴하여 교회를 건축했다"고 표현되어 있는데, 이 당시는 신정일치 시대였으므로 신전은 곧 궁전입니다. 어떤 단어를 사용하는 가에 따라 전달되는 느낌은 얼마든지 달라집니다. 돌려서 말함으로써 과거에 대한 일말의 정당성을 보여주려는 것일까요?

중남미 7개국 여행 Part. 03 - 페루   121

대성당에 있는 마르코스 사파타가 그린 '최후의 만찬'이 많은 관광객들의 눈길을 끌고 있습니다. 그 이유는 예수님을 배반한 가롯 유다의 얼굴을 스페인 침략자인 피사로의 얼굴로 그렸고, 만찬 식탁에는 '꾸이'라고 하는 기니피그를 구운 음식을 놓았기 때문입니다. 당시 잉카인들이 가톨릭을 받아들였지만, 자신들의 문명과 연관지어서 종교를 믿었다는 것을 알려주는 그림입니다.

로레토 골목에서 본 12각 돌은 잉카인의 위대한 석공 기술의 표현입니다. 이 돌은 큰 바위들을 돌담으로 쌓으면서, 장롱을 짜 맞추듯이 좌우상하에 있는 돌들과 아귀를 맞추기 위하여 12각으로 자른 것입니다. 1650년에 발생한 대지진에도 끄떡없이 견뎌낸 건축물입니다. 대성당 건축이 대지진으로 상당 부분이 손상되어 100년에 걸쳐 개축된 것과 대비됩니다. 많은 에너지를 써서 고산증에 걸리면 안 되기 때문에 오늘의 일정은 마무리 해야 합니다.

| 지진에도 살아남은 돌담

열여섯번째 날

3. 5 농업 연구소, 암염 산지 & 성스러운 계곡

쿠스코 - 친체로 - 모라이 - 살리네라스 - 오얀따이땀보 - 아구아스 깔리엔떼스

고도 3,400m 이상의 도시에 왔으니 고산증 증세가 나타날 수 있습니다. 고산증의 발병 여부, 고통의 정도와 나타나는 증세도 사람마다 각기 다릅니다. 정신이 맑지 않고, 목이 잠기고 때때로 숨 쉬기가 어렵다고 느껴지는 것을 보니 고산증 조짐이 나타나는 모양입니다. 숙소 입구에 있는 코카잎을 씹기도 했고, 차로도 몇 잔 마셨습니다. 고도가 높은 곳에서 하루를 보냈으니 어제보다는 나아질 거라는 믿음으로 새 날을 맞이 했습니다. 오늘의 일정은 코스코를 출발하여 우루밤바(Urubamba) 강을 따라서 흩어져 있는 잉카 문명의 다양한 볼거리를 찾아 다니는 여정입니다.

첫 번째 방문지는 '용기 있는 남자' 라는 뜻을 가진 친체로인데 "잉카 시대 때 이곳 출신들이 전쟁이 발발하면, 두려움도 모르고 임전무퇴

의 자세로 임하는 것을 보고 사람들이 부쳐준 것일까?" 하는 상상력을 발휘해 봅니다. 잉카의 전설에 의하면 무지개가 태어난 곳이라고도 합니다. 실제로 우기에 방문하면 하늘에 뜬 무지개를 어렵지 않게 볼 수 있다고 합니다. 잉카의 유적들이 도처에 널려 있으며, 세계적 관광지 마추픽추의 관문이기도 하여 국제공항을 건설하고 있습니다. 페루 정부와 대한민국이 인프라 건설 프로젝트 협약을 체결하고, 현대건설이 공사를 하고 있으며, 이 때문에 최근에 이곳의 땅값이 천정부지로 뛰고 있답니다. 이곳도 개발이 되면 개발이익을 예상한 투자자들이 적지 않은 것 같습니다.

| 양털과 알파카 털로 만들어진 섬유제품들

안데스 지방에서 직물 구입의 최적 장소라고도 알려진, 알파카털과 양털로 만들어진 섬유 제품이 전시된 곳에 안내 되었습니다. 이곳에서는 직물의 직조 과정과 선인장에 있는 벌레와 레몬즙을 이용한 천연염색 과정을 보여 주었습니다. 미끼관광이라 할 수 있는 곳을 나서서 구도심 광장에 가보니, 당시에 도시 규모를 어느 정도 짐작해 볼 수 있습니다. 안데스 산맥이 에워싸고 있는 너른 분지에서 잉카인들

이 농사를 짓고, 삶을 꾸려 왔던 모습들을 상상해 봅니다. 일요일에는 가까운 산속 마을의 장인 제품과 농산품의 거래가 활발이 이루어진다는 시장터를 가 보았지만, 근무일이어서인지 사람들의 모습은 찾아볼 수 없습니다.

다음 행선지는 잉카인들의 농업 연구소라고 불러도 그럴듯한 모라이(Moray)에 왔습니다. 산악지형임에도 불구하고 잉카문명이 풍요로운 생활을 꾸려나갈 수 있었던 이유 중의 하나는 발전된 농업 덕분입니다. 위에서부터 점차 아래로 내려가는 동심원의 계단식 밭을 만들어, 아래쪽에는 따뜻한 곳에서 잘 자라는 농작물을 심고, 위쪽에는 추운 곳에서 잘 자라는 농작물을 심어 기온 차이를 활용한 작물 시험장. 여기서의 실험 결과를 바탕으로 각 지역의 고도에 맞는 작물의 파종을 전파하여 이 당시 잉카 제국의 감자 종류만 해도 약 3,000 종에 달했다고 합니다. 잉카의 농업 기술 수준의 한 단면을 볼 수 있는 거대한 시설입니다.

고산 지역에서 살아 가려면 꼭 필요한 것은 물과 식량, 소금입니다.

| 계단식 작물 시험장

일행 중 누군가가 암염은 산지에서 흔하게 구할 수 있으나, 산지에서 염전을 만들어 소금을 구할 수 있는 곳은 히말라야와 이곳에 있는 살리네라스 뿐이라고 합니다. 이곳은 한 때 바다였던 곳인데, 지각 변화로 융기하여 해발 3,000m 높이의 산이 되었습니다. 비가 오면 산이 품고 있던 염분이 땅속으로 스며들게 되었고, 물줄기를 따라 많은 양의 염분을 포함하고 있던 물이 흐르게 됩니다. 경사차를 이용하여 계단식 염전을 만들고, 흐르는 물을 가두어 수분을 증발시켜 소금을 얻고 있습니다. 수분이 빠르게 증발될 수 있는 까닭은 염전이 고도가 높은 안데스 산맥에 위치하여, 태양과의 거리가 가까워서 더 강렬한 햇빛을 받을 수 있기 때문입니다. 이렇게 높은 고산 지역에서 쉽사리 소금을 얻을 수 있었던 것은 잉카인에게 내린 하늘의 축복이 아닐런지요.

점심은 뷔페식인데, 정중앙에서 팬플룻과 기타로 생음악을 연주해줍니다. 이곳 물가로 보면 가격은 제법 되는 편인데 채소 샐러드만 맛이 괜찮고, 나머지 음식은 요리라고 볼 수 없습니다. 그래도 생 음악

| 팬플룻을 연주하는 악사

을 들었으니 봉사료는 챙겨 주어야 합니다.

마추픽추의 입구이자, 남미에서 가장 인기있는 트레킹 코스의 출발점인 아구아스 깔리엔떼스(Aguas Calientes)로 가는 기차를 타려면 오얀따이땀보에 가야 합니다. 우르밤바 강을 끼고 달리는 도중에 잠시 정차하여 우측 절벽을 보니 세상에서 가장 아찔한 캡슐형 호텔이 있습니다. 일박하는데 드는 돈이 백이십만원이라니 모험을 즐기는 호사가들이 찾는 곳인 모양입니다.

드디어 잉카문명의 성스러운 계곡의 중심부이며 유적도 잘 보전된 오얀따이땀보에 도착했습니다. 유적들의 규모도 방대하고 잘 남아 있을 뿐만 아니라, 잉카시대의 마을 양식과 주거 형태가 잘 유지되어 잉카인이 살고 있는 마을이라고도 불리워집니다. 일명 '작은 마추픽추'라고도 하며, 당시의 관개용수로와 하수도를 지금도 사용하고 있는 것으로 보아 도시건설과 관련된 당시의 문명 수준이 어떠했을지 짐작해볼 수 있습니다.

현지 가이드는 시간이 남았다고 하면서 역 광장, 재래시장, 현지인의

| 깎아지른 절벽에 있는 캡슐형 호텔

살림 집까지를 볼 수 있게 세세하게 안내해주었습니다. 오늘의 최종 목적지까지 이동해 줄 기차가 보입니다. 역에서는 물론이고 기차 안에서도 역무원들이 페루의 전통 복장을 입고, 전통 춤도 추고, 노래도 부르며, 먼 나라에서 온 여행객들의 흥을 돋웁니다. 과연 관광지에 와있음이 실감나네요.

열일곱번째 날

3. 6 남미의 얼굴 마추픽추

마추픽추 - 오얀따이땀보 - 쿠스코

왜 남미로 여행을 가려고 하느냐 물어 오는 친구들에게 여러 매력과 그곳에서 해 보고싶은 활동들을 나열하면, 각설하고 딱 한가지만 말해 보라고 합니다. 주저 없이 마추픽추를 보러 간다고 대답했습니다. 그 이유를 재차 궁금해하면 다음 세 가지로 대답해 주었지요.

첫째는 산 정상 아래 흰 구름을 두른 높은 산들이 마추픽추를 둘러싸고 있는 매력적인 모습입니다. 거기에는 인간과 다른 신성한 존재가 살고 있는 것 같고, 신비스럽고, 때로는 몽환적으로까지 느껴집니다. 둘째로는 2,400m 이상의 높은 산 위에 거대하고 단단한 돌을 떡 주무르듯 하여, 쌓고 지은 석조 건축의 아름다움과 당시의 기술로는 불가능해 보이는 불가사의한 문명의 흔적들을 확인해 보고 싶은 갈망입니다.

마지막으로는, 위대한 문명을 이룬 제국이 이렇다할 흔적도 없이 사

| 숙소에서 바라본 구름에 가려진 마추픽추의 모습

라져 버렸다는 미스터리를 품고 있는 곳이라 매력을 더하기 때문이라고 답해주었습니다.

'마추픽추는 남미의 얼굴' 이라고 해도 지나친 말은 아닐 것입니다. 이곳은 1911년 미국의 고고 학자인 하이럼 빙엄(Hiram Bingham)이 전설 속의 황금 도시를 찾아 다니다가 발견한 유적지입니다. "도시의 매력과 마법은 이 세계 그 어떤 곳과도 비교할 수 없을 것이다. 이곳에 눈 덮인 산 봉우리가 끝없는 높이에서 구름을 굽어보고, 다채

로운 색깔의 절벽들이 깎아지른 듯이 솟아 올라 도시를 비추고 있다. 이곳에는 나무와 꽃들이 만발하고 정글의 아름다움이 깃들어 있다." 고 발견 당시의 소회를 말하고 있습니다.

이곳에서는 우루밤바 강이 정면으로 보이고, 강으로부터 450m정도 올라간 절벽 위에 도시가 자리 잡았는데, 안개가 낀 날에는 마추픽추 전체가 신비로운 분위기를 뿜어냅니다. 산 아래에서는 볼 수 없어 '잃어버린 공중 도시', 또는 '잃어버린 정원'이라는 별칭도 가지고 있습니다. 이곳은 트레킹하면서 갈 수 있으나 일정이 짧은 단기 여행자에게는 실행하기 어려운 방법입니다. 셔틀버스에 올라 구불구불한 산 길을 따라 20여분쯤 지나서 마추픽추를 만났습니다. 오르면서 창밖을 보니 삐끗하면 낭떠러지행이라 겁이 나기도 했습니다. 도착해 보니 열심히 비옷을 팔고 있는 상인의 모습이 보입니다. 비가 그칠 것도 같고, 실비처럼 느껴져 우의는 준비하지 않은 채 출발했습니다.

| 돌로만든 건축물

꿈같이 환상적인 풍광을 만난다는 설레임으로 한껏 부푼 마음을 안고 입구에 들어섰습니다. 좁은 공간 안에 많은 사람들이 방문하는 곳이기에 정해진 행로에 따라 움직여야 합니다. 그렇지 않으면 다른 관광객들과 동선이 겹쳐져 정체가 생깁니다. 외부인의 출몰을 감시하는 망지기의 문을 지나, 마추픽추 유적으로 들어가는 주 출입문을 들어서자 마추픽추가 모습을 드러냅니다. 수백 개의 계단식 밭들이 하늘에 오르는 것처럼 펼쳐 있고, 돌로 만들어진 건축물들이 한 눈에

들어옵니다. 서민들이 살았던 집, 제사장이나 귀족이 살던 집, 식량 저장 창고를 지나 젊은 봉우리라는 뜻의 와이나픽추가 보이는 전망 좋은 곳에 가서야, 인증 사진을 찍어 봅니다. 콘도르 신전, 태양의 신전, 신을 섬기는 제사장의 집을 지나 제례용 석판 같은 것을 돌아 보면서, 이곳은 신을 모시는 공간으로 주로 사용된 곳이 아닐까 짐작해 보았습니다.

'라틴 아메리카 역사 산책'에는 이곳의 건축 년도가 15세기 초라고 되어 있으나, 위키백과에는 15세기 중후반으로 되어 있습니다. 건설 목적은 스페인 군대를 피하려고 지은 요새이며, 군대 훈련장이었다는 설도 있으나 믿기 어렵고, 건설 목적과 누가 살았는지에 대하여도 설이 분분합니다. 황제의 임시 거주지였을 것으로 추정되기도 합니다. 규모로는 만 여명의 노동자가 약 40년 가량 동원되어야 가능한 건축인데, 계단식 밭들의 총면적이 고작 4.9 헥타르인 점으로 보아, 750여명을 먹여 살리기에도 부족한 것으로 밝혀졌습니다.

식량 저장 창고인 꼴까(Colca)는 잉카 제국이 만든 대형 냉장 창고가 아니었을까 추측해 봅니다. 바닥에는 공기가 통하는 환기구를 만들어 습기로 인한 부패를 방지하고, 저장 식량 사이사이에 민트 허브를 끼워 넣어 병충해를 예방하였다니 얼마나 지혜로운 건축 기술입니까? 물론 우리나라에도 신라시대 때부터 얼음을 저장 보관하는 장빙 장치로써 석빙고가 있기는 하였지만, 얼음 저장과는 다른 냉장 시설입니다. 철기류의 연장도 없이 돌망치나 청동 손도끼나 끌만으로 만들어냈다 하나 그 정교함이 믿어지지가 않습니다. 돌로 만든 건축물의 견고함은 말할 것도 없고, 내 눈에는 단순해 보이지만 소박한 예술성까지도 느껴집니다. 쿠스코에서 본 12각 돌에도 놀랐었는데, 여기에는 36각의 돌도 있습니다.

당시의 잉카제국은 지역을 세분화하여 용도를 정하고 거미줄처럼 연결된 수로를 보면, 현대의 어느 도시에 견주어 보아도 손색없는 계획도시이자, 복합도시입니다. 제국 전역을 잇는 30,000km에 달하는 도로망을 구축하고, 일정한 거리마다 우리 식의 역참인 탐보(Tambo)를 두어, 파발마 대신 운송수단으로 사용했던 라마와 전령인 차스키(Chasqui)의 쉼터로 활용하였습니다.

잉카 제국은 고도의 문명으로 남미 지역을 호령한 황제의 나라였습니다.전성기에는 인구가 천만 명에 달했던 제국입니다. 이런 제국이 프란시스코 피사로가 이끄는 수백명의 에스파냐 정복자들에 의하여 맞게 되는 허무한 종말은 실제로 일어났던 일이라고 보기보다는, 믿기지 않는 한 편의 드라마입니다. 세상사에서 일어나야 했던 일은 일어나야 역사가 될 수 있습니다. 도대체 어떤 상황이 벌어졌기에 허망한 역사의 끝이라고 했고, 드라마라고 느껴질 수 밖에 없던 것일까요?

당시에 에스파냐인들이 퍼뜨린 천연두로 이미 남미의 여러 지역에서 많은 사상자가 속출하고 있었고, 잉카 제국 역시 폐허로 변해가는 중이었습니다. 병이 창궐하면서 직격탄을 맞은 11대 황제 잉카 우이아나 카팍(Huyana Capac)과 그의 장남이자 후계자가 될 수 있는 니난쿠요치(Ninan Cuyochi)마저 천연두로 사망하고 말았습니다. 이어서 왕위 계승권을 두고 적자인 우아스 카르(Huas Car)와 서자인 아타우 알파(Atauhu Alpa) 사이에 벌어졌던 전쟁은 잉카의 몰락을 가속화하였습니다. 배 다른 형제 사이에 벌인 전쟁은 천연두로 타격을 입은 잉카제국에, 엎친 데 덮친 격이 된 것입니다.

이 쟁탈전에서 승리를 거둔 30대 초반의 자신만만한 아타우알파는 한 줌도 안 되는 겁 없는 이방인들을 참으로 가소롭게 여겨 카하마르카에서 배짱이 두둑한 피사로와 세기의 대면을 하게 됩니다. 1532년 11월16일 아타우알파 황제는 거드름을 피우다 해질 무렵이 되어서야, 5~6만에 이르는 대부분의 병력은 외곽에 대기시키고, 6~7천명의 잉카 귀족과 병사들을 대동하고 서서히 카하마르카 광장에 들어섰습니다. 피사로는 전날 밤부터 광장 주위 건물에 대포와 기병, 보병 등 전 병력 160~170명을 매복시켜 놓았습니다. 사방에 깔린 잉카대군의 엄청난 위세에 스페인 병사들은 잠이 올 리 없었습니다. 매복중인 병사들은 공포에 질린 나머지 '자신들도 모르게 오줌을 질질 쌌다.'라는 기록도 있습니다.

피사로가 보낸 신부로부터 황제와의 대화가 결렬되었다는 보고를 받자, 그의 결단은 매우 신속하여 지체하지 않고 기습공격을 감행하여 황제를 사로잡기로 했습니다. 피사로가 원주민 사이로 뛰어들면서 갑자기 불벼락과 같은 대포가 터지고 이에 놀란 말들이 이리저리 날뛰는 모습을 보고 패닉 상태에 빠진 병사들은 싸우기보다는 목숨을 건지기 위해 도망치기에 바빴습니다. '카하마르카 전투(Batalla de Cajamarca)'라 불리는 이 사건은 '전투'라기보다는 일방적인 대학살에 가까웠으며, 이로 인해 잉카제국은 사실상 종지부를 찍게 됩니다.

열여덟번째 날

3. 7 만년설이 녹아든
에메랄드 빛의 우만타이 호수

쿠스코 – 우만타이 호수 – 쿠스코

오늘은 자유 일정 날입니다. 고산증으로 쿠스코를 제대로 구경하지 못한 경우에는 여유롭게 이곳에 머무르면서 한가로운 시간을 보낼 수 있는 것이 첫 번째 선택지입니다. 인솔자는 추가 선택지로 무지개 산이라고 불리는 비니쿤카, 팔코요, 우만타이 호수도 근교에 있으므로 여행이 가능하다고 정보를 알려주었습니다.

어제는 인간이 만들어 놓은 잉카 유물들을 잘 누렸으니, 오늘은 페루가 보유한 풍부한 자연을 보고 싶었습니다. 안데스 산맥의 고도에 위치한 트레킹 코스 중 하나를 선택해 보기로 하였습니다. 후배는 최근에 인기가 있는 무지개 산을 추천해 주었지만 동영상들을 보니 실제로는 별 것 없다는 평가도 있어 망설이는데 등산을 즐기는 윤 선배께서 우만타이 호수가 멋있으니 같이 가보자고 제안합니다. 친구 따라 강남 간다는 말처럼, 선배 따라 우만타이에 가기로 결심했습니다.

쿠스코를 중심으로 마추픽추가 동쪽에 자리하고, 우만타이 호수는 서북쪽에 위치한 설산이 배경으로 보이는 호수입니다. 새벽 3시 반부터 기상하여 약속 장소에서 4시 15분부터 기다리고 있었습니다. 조금 지나서야 중형 셔틀버스가 나타났습니다. 4시반경에 탑승한 차는 쿠스코 시내 이곳저곳을 들러 트레킹에 동행할 손님들을 태우고 목적지로 출발했습니다. 탑승자는 총 17명인데 프랑스, 이탈리아, 영국, 볼리비아 등 세계 각국의 젊은이들이 대부분이고, 60대 이상인 우리 일행은 세 명이 동행합니다. 오늘의 일정 중 실제로 트레킹에 소요되는 시간은 오르는 데 1시간 반, 내려오는 데 1시간으로 총 2시간 반의 일정이며 오가는 교통 시간이 8시간 가까이 걸리는 곳입니다.

이른 새벽 시간에 길을 나서느라 잠을 설친 탓에 조는 듯 자는 듯하다 눈을 떠 보니 어느덧 산의 초입에 들어섰습니다. 트레킹 일정은 호수가 보이는 산 높이까지 가서 1시간가량 자유롭게 개별적으로 호수를 감상하고, 시간에 맞추어 하산하는 것입니다. 고도도 높고 산행 길이 만만치 않아, 이곳에서도 백두산에서처럼 말을 타고 산 정상 가까이까지 갈 수 있도록 말을 태워 주는 사람들이 눈에 띕니다.

| 말을 타고 산행하는 여행자

오늘 산행을 안내하는 가이드는 나이가 지긋한 우리 일행들이 염려되었는지, 걸어서 목적지까지 갈 수 있겠는지를 여러 차례 물었습니다. 그가 보기에 우리들 연배의 어른들은 산행이 어렵다고 생각하는 모양입니다. 일행 중 여성 한 분은 스스로가 처음부터 말을 탈 작정이었으니 염려 대상은 아닙니다. 걱정이 아주 없는 것은 아니지만, 짧은 코스이고 힘들어 못 가게 되는 경우, 도중에도 언제든지 말은 탈 수 있으니 걸어갈 수 있다고 자신 있게 말하고 출발했습니다. 스스로를 믿는 마음으로 한 걸음 한 걸음 나아갔습니다. 고산증이 느껴져 마음처럼 속도가 나지 않습니다. 힘들어 쉬고 있었더니, 젊은 영국 여성이 코카 잎을 꺼내어 줍니다. 조금은 입에 털어 넣고, 나머지는 주머니에 넣어 만약을 대비했습니다. 말을 타고 간 일행 한 분도 지나갔고, 같이 가자고 제안했던 윤선배도 저 멀리에 가 있습니다. 호흡을 가다듬고 나의 몸 상태에 맞추어 한 걸음씩 내딛다 보니 어느덧 목적지에 도착했습니다.

만년설이 병풍처럼 에워싸고 있는 산 밑에 에메랄드 빛의 호수가 갑자기 모습을 드러내니, 아름다움에 탄성이 절로 나옵니다. 호수 좌측 편으로는 설악산의 공룡능선처럼 좁은 길이 만년설이 쌓여 있는 산 정상까지 연결되어 보입니다. 이 곳의 고도를 측정해보니 4890m입니다. 사람들이 호수와 만년설을 두르고 있는 설산을 배경으로 한껏 포즈를 취합니다. 우리 앞에서 사진을 찍고 있는 잘 생긴 젊은 외국인은 이런저런 포즈를 취하는데, 전혀 어색하지 않아서 전문 모델인 것처럼 보입니다. 우리도 몇 장의 사진을 찍은 후 눈으로 마음으로 풍광을 담고 내려오니, 올라 갈 때보다 발걸음은 가벼웠습니다. 같이 왔던 젊은 영국인 여성은 칼날같은 능선을 타고 산 정상에 도전하는 모양입니다.

| 산 위에서 바라본 호수의 절경

산행으로 체력이 고갈되었기에, 2시가 넘어서야 식당에 도착했습니다. 늦어졌지만, 잘 차려진 식탁을 보자마자 피로가 확 가시는 것 같습니다. 풍성한 채소와 우리나라 토종 닭 같은 맛을 내는 닭볶음, 스파게티와 후식으로 준 푸딩까지 입에 착착 달라 붙습니다.

페루에 여러 날 있다 보니, 이곳의 풍광이 점점 눈에 들어옵니다. 안데스라는 엄청 큰 산맥은 높은 곳에도 너른 분지를 품고 있어 도시가 만들어져 있고, 낮은 계곡에도 넓은 평지가 있는 곳에는 도시가 발달되어 있습니다. 아직은 도로 등 사회 기본 인프라가 취약하지만, 아름다운 자연과 잉카 제국이 남긴 유물로 사람들의 매력을 끌어들이기에는 충분한 자원을 가진 나라입니다. 지금은 한국의 60년대 같지만 10년 후 이곳의 모습이 어떻게 변할지 기대됩니다. 늦은 점심으로 성찬을 했으니, 저녁은 모처럼 금식해야 합니다. 숙소에 도착해 보니 우리 팀이 가장 빡빡한 일정을 보냈습니다.

열아홉번째 날

3. 8 푸노 &
티티카카호수

쿠스코 - 푸노

오늘은 페루와 볼리비아의 국경도시인 푸노에 가서 잉카의 신이 탄생했다는 티티카카 호수를 둘러보기로 했습니다. 푸노는 쿠스코의 남동쪽으로 487km 떨어진 도시로, 버스를 8시간 타고가야 됩니다. 예정보다 15분 늦게 출발한 버스는 5시간을 달려 휴게소에 도착했습니다. 볼 일도 보고 점심도 해결하는 시간입니다. 점심은 쿠스코에서 주문했던 김밥인데 음료와 기념품을 파는 가게, 화장실 그리고 버스가 정차할 수 있는 약간의 공간이 휴게소의 전부라서 김밥을 먹을 곳이 마땅치 않습니다. 가게에 들어가 커피를 주문하여 김밥과 함께 부리나케 먹는 모습이 어쩐지 옹색하다고 생각되는 것은 나만의 느낌인지 산뜻한 기분은 아니었습니다.

최종 목적지가 어디이고, 지금 어디쯤 와 있는지를 알면 가는 길의 피로를 줄일 수 있습니다. 준비가 부족한 채 헐레벌떡 길을 나서게 되면 출발점과 도착점은 알고 있지만, 어디쯤 와있는지를 모르게 되니 약간의 초조함과 지루함이 더해집니다. 차를 타고 있는 시간이 길어지고, 커튼이 드리워져 밖의 풍경을 보는 것도 여의치 않다 보니, 여러 잡생각들이 일어나기 시작합니다. 여행의 최종 목적지는 알고 있지만, 삶의 최종 목적지는 어딘지 알고 있느냐고 스스로에게 물어봅니다. 우리 모두에게 인생의 최종 행선지는 죽음이겠지만, 최종 목적지는 사람마다 다를 것입니다. 목적지가 없다면 시간을 때우면서 최종 행선지를 향해 건들건들 가게 되겠지요.

여행에서 뺄 수 없는 것 중 하나는 이동입니다. 이동하면서 무엇을 보느냐가 여행의 맛과 의미를 결정하는 한 요소입니다. 창 밖으로 스쳐 지나가는 산, 강, 사람과 동식물들을 보는 것도 여행의 큰 즐거움 중 하나인데, 창을 가린 커튼이 이런 즐거움을 가로막고 있습니다. 직통이라고 했지만 목적지인 푸노 가까이에 있는 후리아카(Julica)에서 한번 더 쉬고, 출발한지 8시간만에 푸노에 도착했습니다. 푸노는 안데스 산맥의 알티플라노 고원에 자리잡고 있는 도시입니다. 히말라야 산맥의 티베트 고원 다음으로 세계에서 두 번째로 높은 고원도시입니다.

우리가 만나러 온 티티카카호수는 푸노, 나아가 페루의 주요한 관광자원입니다. '티티카카'라고 소리 내어 되뇌어 보면 새의 맑은 울음소리같은 느낌이 듭니다. 티티카카는 원주민인 케추어인에게는 '푸마(티티)의 바위(카카)'라 는 뜻이고, 이곳 원주민 부족의 하나인 아이마리인에게는 '빛나는 돌'이라는 뜻입니다. 호수의 이름을 바위 또는 돌이라 명명한 것은 쉽사리 이해되지 않습니다. 호수 주변의 원주민들이 땅을 다스린다고 생각하는 푸마를 숭배해서 붙여진 이름이라는 설이 있습니다. "잉카의 초대 황제인 망코 카팍이 태어났다는 '태

| 호수를 배경으로 만들어진 티티카카 표지판

양의 섬'이 호수에 있어 '푸마의 바위' 또는 '빛나는 돌'이라고 하지 않았을까" 상상해봅니다.

티티카카호수는 선박이 다닐 수 있는 세계에서 가장 높은 곳에 있는 호수로, 해발고도 3810m의 높은 위치에 있습니다. '구름 위의 호수'라는 별명이 있고, 충청남도보다 약간 작습니다. 해발 높이는 강수량과 가뭄 정도의 영향을 받아 측량하는 시점에 따라 약간씩 달라집니다. 호수에는 42개의 섬이 있고, 사람이 살고 있는 섬도 있습니다. 호수는 빗물과 빙하에서 흘러나오는 물로 채워지고 있습니다.

오후 늦은 시각에 도착해서 해가 떨어지려면 시간이 얼마 안 남았다는 생각을 하면서 우로스(Uros) 섬에 가는 보트를 탔습니다. 호수의 맑은 물이 푸른 하늘과 흰 구름을 거울처럼 반사하고, 잘 익은 살구 색깔의 갈대와 어우러져 멋진 경치를 만들어냅니다.

우로스는 땅이 있는 섬이 아니라 갈대의 일종인 '토토라(Totora)'를 엮어서 만든 인공섬을 칭하기도 하고, 이곳에 살았던 부족의 이름이기도 합니다. 우로스 섬에는 학교도 있습니다. 아직도 자기 부족만의 공동체를 이루고 살고 있으며, 초등학교까지는 이곳에서 교육을 하

| 우로스 섬 전경

고, 이후엔 푸노에서 배움을 이어갑니다. 가이드의 설명이 끝나자 우리 일행들을 몇 사람씩 나누어 자기들이 사는 공간으로 안내합니다. 주거 모습은 초가집 형태와 비슷합니다. 태양열 패널에 의한 에너지 공급으로 화재 위험도 없다고 자랑합니다.

짧은 설명에 이어 손수 만든 공예품인 토토라로 만든 작은 집, 작은 배, 양털 인형등을 집 앞에 펼쳐 놓고 사주기를 바랍니다. 전 과정이 정형화된 연출처럼 보였고, 전통이 상업주의에 덧입혀졌습니다. 어디서든지 살아야 되고 밥벌이는 신성하니까 절대 탓할 수는 없습니다. 불편한 자기들만의 섬 생활이 얼마나 계속될까요?

이곳에 사는 사람들도 편리함을 체험하고, 뭍사람들과 섞여 살면서 다른 생활에 적응하게 된다면, 우로스 섬은 관광용으로 남아 있을지 모르지만, 세월이 흐르면 사라질 것입니다. 어둠이 점차 짙어져 티티카카 호수를 더 많이 볼 수 없어 아쉽습니다. 황혼이 내려앉고 어둠이 깃들어가는 산경사지에 자리 잡은 도시가 붉게 물들어 가는 호수에서 바라보니 더욱 아름답습니다. 혹여 만년설이 다 녹아 빙하로부터 물이 흘러내리지 않더라도, 내리는 빗물만으로도 아름다운 호수가 마르지 않기를 바래봅니다. 건조한 지역에 자리 잡은 호수이지만, 쓸데없는 걱정이라고 믿고 싶습니다.

| 황혼이 내려앉은 풍경

Part
04.

볼리비아 | Bolivia

라파스, 우유니, 기차무덤, 콜차니, 비경의 호수,
노천온천, 달리의 사막, 베르데 호수

스무번째 날

4.1 라파스 들어가기
& 전통예술 관람

푸노 – 용구요 – 코파카바나 – 라파스

어제 8시간 넘게 차를 타고 온 것은 아름다운 티티카카 호수를 보러 온 것도 있지만, 육로를 이용하여 볼리비아에 들어가는 일반적인 루트이기 때문입니다. 볼리비아로 들어가기 위해서는 티티카카 호수 주위를 따라 132km를 달려 페루의 국경인 용구요(Yunguyo)에 가야합니다. 오늘의 전체 일정은 푸노를 출발하여 남동쪽에 위치한 볼리비아의 행정 수도인 라파스(La Paz)까지 총 262km를 이동하는 것입니다.
머릿속으로는 티티카카 호수의 면적이 충청남도보다 약간 작다는 것을 알고 있지만, 현실적으로 크기를 실감하는 것은 쉽지 않습니다. 더구나 어제 늦은 시각에 도착하여 해질 무렵에 호수 한 귀퉁이에서 본 것으로 그 크기를 가늠한다는 것은 상상력을 발휘해 보아도 한계가 있습니다. 길이 190km, 폭 80km 라는 숫자로도 놀랍지만, 차를

| 바다같이 너른 호수

타고 오랜 시간을 달리고 달려도 호수만 보이게 될 때 어마어마하게 큰 호수라는 것을 실감하게 됩니다.

수평선이 보이는 바다처럼 생각되어 크기를 검색해보니 세계에서 17번째라니, 큰 호수가 생각보다 많이 있습니다. 이곳에 사는 사람들의 주요 생업이 어업이고, 이를 확인해 주려는 듯이 호수 곳곳에 양식장이 펼쳐져 있습니다. 기사 분이 이런 양식장을 가까이서 보여주려고, 송어 양식장이 대규모로 설치된 곳에 한 번 정차하여 휴식을 갖게 한 다음 국경까지 내달렸습니다.

마추픽추를 안내해 준 페루인 벤자민 말에 따르면 볼리비아는 국민소득이 낮아 페루로 일자리를 찾아 입국하는 사람이 적지 않다고 합니다. 페루를 떠나기 때문에 출국절차가 까다롭지 않은 것인지, 아니면 칠레와의 전쟁 당시 동맹국으로서 유대감이 아직도 지속되는지 페루에서의 출국과 볼리비아로의 입국 절차는 신속하게 진행되었습니다.

국경도시인 용구요는 '원주민의 일족인 아이마라족의 문화 수도'라

| 용구요 입간판

는 이름으로 영문 글자 입간판을 설치해 놓았습니다. 국경은 돌담을 쌓고 사이에 길을 만들어 출입이 가능하도록 하였습니다. 길 위로는 돌을 아치형으로 만들어 장식하였습니다. 이곳을 지나 볼리비아 영토에 들어섰더니 '여기는 코파카바나입니다. 볼리비아에 입국한 것을 환영합니다.' 라는 커다란 간판이 보입니다.

입국 수속을 마치니 점심시간이 되어 가까운 식당에 들렀습니다. 식사는 맛이 있고 간도 잘 맞았으며, 가격도 저렴했습니다. 많은 여행자들이 볼리비아의 착한 가격과 낮은 물가 수준 때문에 이곳에 의도치 않은 장기 체류자가 된다는 말이 떠올랐습니다.

벤자민이 전해준 말에 따르면 '페루의 경우 월 300불로 살아가는 데 볼리비아는 20불로 살아간다'고 하니 양국 간의 물가 차이가 얼마나 큰지 실감하게 됩니다. 볼리비아에 들어왔는데도 티티카카 호수는 계속해서 우리를 따라오는 것 같습니다. 호수의 40%는 볼리비아가 소유하고 있다니, 그 넓음에 다시 한 번 놀라게 됩니다. 얼마를 달린 후에 기사가 '배를 타고 호수를 건너야 한다'고 하차를 해줄 것을 부탁합니다. 내린 곳이 어디인지 확인해 보려고 사진을 찍어 번역기를 돌려보니, 칠레와의 태평양 전쟁으로 바다를 잃어버린 볼리비아의 해군기지가 있는 호수입니다. 바다가 없는데도 해군 부대를 유지하는 것은 "언젠가는 잃어버린 바다를 다시 찾을 것"이라는 의지의 표현일 것입니다.

| 볼리비아의 해군기지가 있는 호수

배를 이용하지 않고 버스로 티티카카 호수를 우회하여 라파스에 가는 경우, 소요 시간이 훨씬 많이 걸립니다. 호수를 건너서부터 라파스까지는 통상 2시간 반이 걸리는 거리인데 4시간이 넘었는데도 아직 목적지에 도착하지 못했습니다. 시내 중심가는 차가 움직이지 못할 지경으로 교통 체증이 심합니다. 고도 3,800m에 위치한 라파스는 분지에 있는 도시로 낮은 지역과 높은 지역은 700m 이상의 고도 차이가 있습니다. 부자들은 낮은 쪽 마을에서 살고, 가난한 사람들은 높은 쪽 마을에 살고 있습니다. 마을 간 이동하는 경우에 차로도 30분 이상이 걸리지만, 원주민 출신이 대통령이 되면서 위쪽 마을에 있

는 사람들을 위하여 케이블카를 설치함으로써 편리하게 마을 간 이동을 할 수 있게 되었습니다. 가까스로 숙소에 도착하니 곧 저녁 식사 시간입니다. 여행의 묘미 중 하나가 방문한 나라의 식도락을 즐기고 예술을 관람하는 것인데, 다행히 룸메이트인 윤선배와 의견이 맞아 저녁은 볼리비아의 춤과 노래 공연을 보면서 식사가 가능한 곳을 찾아갔습니다.

| 뷔페식 식당

주 요리로 좋아하는 것을 시키고, 나머지는 뷔페식으로 다양한 채소 샐러드와 과일 등을 풍성하게 진열해서 얼마든지 먹도록 해 놓았습니다. 실내 장식은 볼리비아의 문화를 이해할 수 있는 소품을 곳곳에 비치했습니다.

벽에도 선조들의 모습을 벽화로 그려서 자기나라를 알리려는 노력이 엿보입니다. 식사를 하면서 시작된 공연은 2시간이 넘게 계속 되었고, 사이사이 손님들을 무대에 초대하여 같이 즐거운 시간을 갖도록 힘씁니다. 손님들은 대부분이 외국인입니다. 전통 춤과 노래에서부터 현대까지 아우르는 다양한 공연들로 볼리비아의 숨결을 느끼도록 해줍니다. 페루의 민요에 폴사이먼이 가사를 붙여 사이 먼 앤 가펑클이 부른 Elcondor Pasa는 이곳 볼리비아에서도 인기리에 연주되는 노래입니다. 풍성한 식사로 입을, 춤과 노래로는 눈과 귀를 즐겁게 해준 극단과 식당이 고마울 뿐입니다.

| 볼리비아 전통 춤 공연

스물한번째 날

4. 2 라파스
시내구경

라파스 시내 - 우유니

남미 여행을 하면서 일지를 제때 쓰지 못한 날이 이틀 있습니다. 마추픽추에 다녀온 날엔 당일 일정이 빡빡하여 간단한 메모만 남기고 일정 정리를 못했고, 라파스에서 시내 관광을 한 오늘이 그 두번째 날입니다.

오늘 계획은 라파스 시내에 있는 무리요 광장(Plaza Murrilo)에 가서 주변에 있는 메트로폴리탄 대성당을 비롯한 관광지를 둘러보고, 이곳 원주민 부족의 하나인 아이마라족이 사용하는 약초와 치료의식에 활용되는 주술용품을 판매하는 마녀시장(Mercado de Brujas)과 에스파냐식 건물이 잘 보존되어 시내에서 가장 아름다운 하엔(Calle Jaen)거리를 걸어 보는 것입니다. 다음으로는 세계에서 가장 길고 높은 곳에 위치한 케이블카 (Mi Teleferico)를 타고 시내를 내려다보고, 마지막으로 바다의 진흙이 융기하여 풍화 작용으로 달 표면과 비슷하게 변해버린 '달의 계곡'이라 불리는 곳을 돌아보는 것입니다. 이런 일정이 끝나면 야간 버스로 우유니까지 가야 합니다.

| 사가르나가의 멋진 풍경

일정에 맞추어 우리 일행은 숙소를 나와서 여행자의 거리라 불리우는 사가르나가(Sagaynaga) 거리에 들어섰습니다. 거리 좌우편의 건물에는 원주민들의 전통 예술로 생각되는 그림을 벽에 그려 놓고, 작은 조각 소품들을 벽면에 부착하여 여기가 볼리비아라는 것을 알려주려는 듯싶습니다. 2~3층 높이의 양편 건물에 좌우로 줄을 연결하고, 그 줄에 우산을 펼쳐 걸어 놓았습니다. 길 한가운데 수십 개 아니 수백 개의 우산이 파란 하늘을 배경으로 펼쳐진 모습은 길가는 관광객들을 다른 세상으로 이끌려는 의도의 장식인 것 같습니다. 흰색, 노랑, 연파랑 및 연분홍의 원단을 덧대어 우산살을 싸고, 우산대 밑으로는 원주민들이 좋아하는 색깔의 털실 장식과 인형을 매달아 놓았습니다.

이곳 상인들의 구상인지 행정당국의 아이디어인지는 모르겠지만, '무언가 다르다'라는 느낌은 있어도 우산과 여행자의 거리 또는 우산과 라파즈와의 연결성을 모르는 나같은 사람에게는 생뚱맞다는 생각도 들었습니다. 서울의 인사동 골목이나 전주 한옥 마을에 색색의 우산을 걸쳐 놓으면 어떤 느낌이 들까요? 연출도 스토리가 있을 때, 설득력이나 사람을 끄는 매력이 있지 않을까요? 영화 '셸부르 우산'의 주연 배우가 이곳 출신이든지, 아니면 영화 촬영이 이루어진 곳이라는 연계성이 있으면 훨씬 매력적이라 생각될 것입니다. 나만 모르는 어떤 관계가 있는 걸까요?

여행자의 거리를 지나 무리요 광장에 도착했습니다. 이곳도 스페인의 식민지였으니 여행의 출발점은 광장과 성당입니다. 광장에는 관광객은 물론이고, 현지인도 많이 모여 있습니다. 광장을 눈으로만 훑어보고, 대성당에 들어갔습니다. 아침부터 머리가 무거웠는데 갑자기 속이 거북합니다. 지체하다가는 성당 안에다 구토를 할 것 같아 서둘러 나왔습니다. 가까스로 참았던 일이 벌어지고 말았습니다. 인솔자에게 상황을 말하고 숙소에 가서 휴식을 취하기로 했습니다. 염려되었는지 인솔자가 병원에 가보지 않겠느냐고 했지만, 고산증으로 추측되고 특별한 대책도 없으니 약국에서 고산증 약을 처방 받아 숙소로 돌아왔습니다.

침대에 누워있어도 여전히 어지럽고 욕지기를 느껴 화장실만 들락날락하면서 잠을 청해 볼 수밖에 없었습니다. 점차 고도가 높은 곳으로 이동하면서 고산증에 잘 적응한 것으로 생각했는데, 왜 이런 일이 생겼는지 알 수 없습니다. 빨리 기력을 회복해야 오늘 밤 일행과 같이

| 무리요 광장의 성당

움직일 수 있다는 생각을 하면서 잠이 들었습니다. 얼마 지나서 문 두드리는 소리에 잠을 깨어 문을 열어보니, 인솔자가 '상태가 궁금하다' 면서, 손에 무언가를 들고 왔습니다. 조금 나아졌다고 하니, 아무것도 먹지 못했을 것 같아 인근 식당에 부탁하여 미음을 끓여 왔다고 합니다. 약간은 머리가 무거웠지만 시장기도 느껴지고, 체력 회복을 위해서도 영양 공급이 필요하다고 생각해 숟갈을 들었습니다. 인솔자의 수고로 얻은 말간 죽인데 맛도 느껴지고 입맛도 도는 듯하여 열심히 먹었습니다. 삼분의 이 정도를 먹었더니, 배도 부르고 머리도 조금 맑아지는 것 같았습니다.

얼마 있다가 방짝인 윤 선배도 일정을 마치고 돌아왔는데, 본인도 배탈기가 있어 조금 고생하였다고 합니다. 본인은 어제 밤에 먹은 스테이크가 덜 익은 것 같았는데, 이 때문이 아닌지 추측했답니다. 지어 준 약도 먹고 미음을 먹어서인지 많이 좋아지기는 했지만, 여전히 정상 상태는 아닙니다. 조심조심하면서 짐을 꾸려 차에 올랐습니다. 우유니에 가는 버스를 타려면 버스터미널까지 이동해야 합니다. 오늘도 여전히 교통체증이 심해서 가까스로 출발 시간에 맞추어 도착했고, 서둘러 버스에 올랐습니다. 앞으로 10시간은 버스 안에서 잠을 자면서 우유니까지 가야합니다.

고산증으로 고생하는 것을 보고, 일행 중 한 분이 혈관 확장제인 비아그라를 복용해 보라고 합니다. '부인이 히말라야에서 고산증으로 고생하였는데 그 약으로 효험을 보았다'고 하면서 한 알을 주고, 우선 반 쪽만 먹어 보기를 권합니다. 몸 상태가 정상이 아니니 나머지 여행 일정을 잘 마무리 하기 위해서는 무엇이든지 시도해 보아야 합니다. 약을 먹은 덕분인지 밤새 불편하고 추운 버스 속에서 있었는데도, 몸 상태가 나빠지지 않아 다행입니다.

l 숙소에서 바라본 라파스 야경

스물두번째 날

4.3 우유니 소금사막

우유니 - 기차 무덤 - 콜차니(염호마을) - 호텔 데 살(소금호텔)
- 이슬라 페스카도(물고기 섬) - 소금 사막 질주 - 소금 사막 호텔

아침 6시가 조금 넘어서야 우유니에 도착했습니다. 우유니 또한 안데스 산맥의 알티플라노 고원에 위치하여 고도가 높은 지역입니다. 삼일 동안 우리를 태우고 여행을 도울 분들이 3대의 4륜구동 차량으로 마중을 나왔습니다. 이른 시간이라 일단 우유니 시내에 있는 차량 운영자의 사무실에 들렀습니다. 사무실 벽면에는 우유니 사막을 관광하는 다양한 일정과 주요 볼 곳들의 모습이 담긴 그림이 걸려있습니다. 사장이 부인과 11살 먹은 딸을 소개합니다. 어제가 망자의 날이어서, 딸이 고양이처럼 분장을 했습니다. 짧은 치마를 입고, 머리에는 두 귀가 쫑긋한 머리띠를 둘렀는데 모두가 표범 무늬이고, 얼굴에는 고양이 수염을 그려, 더욱 사랑스럽고 귀엽게 보입니다. 사진을 찍자고 하였더니 자연스럽게 자세를 잡는 걸로 보아, 이런 상황에 익숙한가 봅니다.

현지 여행 안내자가 필요한 용품을 준비하는 사이에 우리는 아침을 먹기 위하여 우유니 시의 광장에 왔습니다. 작은 성당이 있고, 세 블록 정도의 시장이 전부여서 도시라기 보다는 작은 마을같습니다. 시내 중심에 '볼리비아 우유니와 다카르(Dakra)'라고 쓰여진 기념탑이 있습니다. '세네갈의 수도인 다카르와 자매결연이라도 맺었나' 생각하며 돌아섰습니다.

| 다카르 기념탑

감자와, 달걀을 섞어서 튀긴 음식인 파파아라 우안까이나(Papa a la huancaina)라는 볼리비아 전통 음식으로 아침을 때우고 기차 무덤에 들렀습니다.

기차 무덤이란 19세기 후반부터 1940년대까지 이곳에서 광물자원을 실어 나른 기차를 광물이 바닥이 나자 미련 없이 버리고 가버려서 붙여진 이름입니다. 선진국의 수탈이 있었고, 후진국이 당한 모습의 흔적인데 안내판에는 '19세기 우리 역사의 일부'라는 완곡한 표현으로 이곳을 설명하는 간판이 서있습니다. 시간이 지나 수명을 다한 기관차와 마차가 널브러져 있고, 한 쪽에 철제로 기린, 로봇, 공룡, 말 등을 만들어 놓은 것들은 관광객들을 위한 장식품으로 보입니다. 별 것 아니지만 사진을 찍어보면 멋진 풍경으로 비춰지니, 사진 찍기를 좋아하는 사람들을 위한 공간이기도 합니다.

| 기차 무덤

| 첼제로 만든 기린과 공룡

이어서, 소금 사막에서 채취한 소금을 식용으로 만드는 과정을 보여 주는 곳에 갔습니다. 여기는 온통 소금입니다. 이곳의 소금은 불순물 이 거의 없어서 암염이나 천일염보다 짭니다. 잡맛이 없어 고기 구울

| 소금호수 섬에 있는 선인장 군락

때나 김장 배추 절일 때등 조리용으로 최적이지만, 아직 우리나라에는 수입이 되지 않습니다. 소금사막은 소금들이 오랜 세월에 걸쳐서 호수 표면에 결정화되면서 사막처럼 보이게 된 것입니다. 소금으로 만든 벤치, 소금으로 만든 라마, 소금 호텔 등 온통 소금과 결합된 소금 천지입니다. 소금 사막의 규모는 전라남도의 크기와 비슷합니다. 소금으로 뒤 덮인 하얀 사막이 하늘과 맞닿아 있어 지평선도 아니고 수평선도 아닌 '염평선'(鹽平線)이라고 작명하는 것이 맞지 않을까요?

이곳은 우기에는 호수가 되고, 건기에는 사막으로 변합니다. 눈길이 미치는 어느 곳에도 장애물이 보이지 않으니 거리감이 없고, 비가 오면 물에 비친 하늘과 땅이 완전히 대칭이 되어 마력으로 보이는 사진을 찍을 수 있는 곳입니다. 안내자는 별 곳이 아닌 데도 사진 찍기 좋은 곳이 나오면 여러 포즈를 취하라고 합니다. 자세를 잡고 찍은 사

진을 보면, 작품 사진처럼 보입니다. 얼마를 더 달려가니, 키 높이의 선인장이 보이는 곳도 있습니다. 소금 밖에 없는 곳에서도 필요한 자양분을 공급받아 저렇게 크게 성장하는 것을 보니 생명력이 강한 식물입니다. 조금 더 가보니 우유니 시내에서 본 것과 같은 모형의 소금 조각상이 보입니다. 모형의 하단부에 흑갈색으로 'DAKAR', 그 밑의 위쪽은 빨강, 가운데는 노랑, 아래쪽은 초록색으로 'BOLIBIA'라는 글자가 표기되어 있습니다. 안내자가 이곳에서 '다카르'라는 자동차 경주대회가 벌어졌고, 이를 기념하기 위하여 만들어 놓은 조형물이라고 설명해 줍니다. 다카르가 세네갈의 수도인 줄로만 알고 있었습니다. 그런 이름의 자동차 경주 대회가 있다는 것을 처음 들었습니다. 세계 여러 나라의 깃발을 꽂아 놓은 곳도 있습니다. 어느 여행사가 우리 같은 시니어를 위해 만들었다는 '어른들의 우아한 여행을 응원한다'는 깃발도 태극기와 함께 힘차게 휘날립니다. 이곳까지 오토바이를 타고 온 다른 나라의 젊은이도 보입니다. 일행 중 한 분이 오토바이를 잠깐 넘겨받아 폼을 잡고 시승도 해보면서 사진을 찍기도 했습니다.

| 현지식 점심(볼리비아식 성찬)

오전 일정을 끝내고 점심을 먹으러 왔습니다. 점심은 현지 안내인들이 준비했습니다. 원주민들이 사용하는 알록달록한 천으로 짠 식탁

보에 식사를 차려 놓으니 더욱 입맛이 도는 것 같습니다. 야크 스테이크와 다양한 채소를 삶은 것에 후식으로는 수박까지 준비해 주었으니 볼리비아식 성찬이라고 해도 과하지 않습니다.

우리가 점심을 먹기 위해서 도착한 곳에는 투누파(Tunupa)라는 이름의 해발 5,321m의 휴화산이 마을의 배경으로 펼쳐졌습니다. 무지개산처럼 산의 색깔이 우리나라의 무지개 떡에 가까운 빛입니다. 꿩 대신 닭이라고 했는데, 비니쿤카의 무지개산 대신에 아름다운 투누파를 보게 되었습니다. 시간이 허락한다면 트레킹을 하고 싶은 마음은 굴뚝같았지만, 아쉬운 마음뿐입니다.

식후에도 다양한 자세를 취하면서 사진을 찍고, 우기에는 물에 잠겨 올 수 없다는 물고기 섬에 왔습니다. 짧은 트레킹을 하고, 선인장 군락도 보았습니다. 우리들 키의 서너 배는 족히 되어 보이는 선인장들이 숱하게 널려 있습니다. 1년에 1cm씩 자란다던데 수백 년 아니, 수천 년을 소금 평야 옆의 사막같은 산에서 생명을 유지하고, 살아온 것이 놀랍기만 합니다.

두 시간을 달려 숙소인 소금 호텔에 도착했습니다. 해가 떨어지는 소금 사막의 모습도 아름답습니다. 떨어지는 해가 하얀 소금 사막을 연분홍빛으로 물들이면서, 저 너머로 자취를 감춥니다. 저녁 식사에 맑은 닭국물 수프에 빵과 감자, 닭고기를 떡갈비 형태로 만들어 튀긴 것이 나왔습니다. 가난한 나라에 와있지만, 반주로 와인까지 준비해 주니, 살림살이가 어려운 나라라고 느껴지지 않습니다. 성찬에 와인을 곁들이면서 하루의 피로를 달래봅니다.

스물세번째 날

4. 4 비경의 호수 둘러보기

우유니 : 라구나 카냐빠 – 라구나 이디온다 – 아르볼테 비에드라(돌의 나무)
– 라구나 콜로라다

고산증으로 빌빌거리다가, 어제 온종일 고도 4000m를 넘나드는 사막지대를 무탈하게 여행할 수 있었던 것은 혈관확장제가 주효했던 모양입니다. 지나치지 않고 도움을 준 따뜻한 손길이 고마울 따름입니다.

어제 숙소에 돌아올 때 험한 길을 달리다가 펑크난 차가 있어 염려하였는데 정시에 출발할 수 있는 걸 보니 다행히 수리가 잘 된 모양입니다. 여행도 살아가는 일의 하나이니 돈을 절약하려면 시간을 써야 되고, 편안함을 원한다면 대가를 지불하고, 정해진 일정 내에 많은 곳을 보고자 한다면 부지런해야 합니다.

우유니에서 이틀째 행로도 만만치 않습니다. 비경의 호수를 여러 곳 들르는 일정인데, 맛보기로 사진 찍기 좋은 곳을 먼저 찾았습니다.

칠레와 볼리비아를 연결하는 광물 이송용 철로가 있는 곳에서는 가이드의 연출 요구에 따라, 철로 여기저기에서 포즈를 취하면 재미있는 사진을 찍어 줍니다.

| 철길 한 가운데에서 자유롭게 팔을 벌리고 찍은 기념사진

여행에 이런 코스가 왜 끼여 있는지 의아하지만, 사진 찍기를 좋아하는 우리나라나 일본 사람의 기호를 반영한 것 같습니다.

오야게 화산(Volcan ollague) 지역에서는 화산 활동으로 융기한 지표면이 세월이 흐르면서 풍화 작용을 겪어 변형된 기기묘묘한 바위들로 가득찼습니다. 인간의 솜씨로는 빚을 수 없는 자연의 작품입니다. 당시 살았던 동물들의 발자국 모양이 찍힌 바위도 있습니다.

차를 타고 지나가는 길에서 알파카처럼 생긴 비쿠나(Vicugna)도 여러 번 보았는데 이런 사막에서 무엇을 먹고 사는지 궁금합니다. 비쿠나의 속 털은 "신의 섬유"로 불리웁니다. 털깎기로 얻을 수 있는 양이

| 여러 모양으로 풍화된 바위

적고, 품질은 좋아 잉카 시절에도 황제나 황족만이 입을 수 있었고, 지금도 비쿠냐의 털로 지은 옷 한 벌에 수천 만원을 호가합니다.
스페인 침략자들이 또다른 돈벌이가 될 수 있는 '새로운 비단'을 노려 마구마구 잡아대서 수백만 마리였던 비쿠냐의 씨가 마를 위기에 처한 적도 있습니다. 1974년에 멸종 위기 선언이 있었을 때는 단지 6,000마리 정도였는데, 현재 복원 사업으로 35만 마리까지 늘어났다니 정말 다행입니다. 고가의 털을 가진 비쿠냐를 여러 번 만났으니 오늘은 운수 좋은 날입니다.

첫 번째 들른 호수는 라구나 카냐빠(Laguna Canapa). 플라밍고가 호수 여기저기에 한가롭게 노닐고 있습니다. 호수 주변으로 얇은 얼음처럼 보이는 하얀 막은 인근 지형에 있는 광물이 녹아내려 물과 섞이면서 굳어진 것입니다. 두 번째 들른 호수 라구나 이디온다(Laguna Hedionda)는 이곳 첫 번째 호수보다 훨씬 많은 플라밍고가 서식하고 있습니다. 이곳도 광물질이 섞여져 만들어진 얼음같이 하얀 것들이 호수에 떠있습니다. 호수와 주위에 있는 적갈색과 다갈색, 엷은 황토색의 크고 작은 마른 풀들, 호수에 비춰진 산의 모습이 어우러져

| 라구나 카냐빠에 머무는 플라밍고 무리

만들어내는 풍경은 말로 표현하기 부족하여 연신 사진만 찍었습니다.

점심은 볶은 닭다리가 메인요리인데, 햇수가 제법 된 것처럼 고기가 굵어 보이지만, 육질은 부드럽고 씹는 맛도 그만입니다. 스파게티, 오렌지, 바나나 볶음과 커피까지 곁들이니 풍성한 점심입니다. 호수를 보았으니, 이제는 산도 둘러보려 합니다. 사막의 자갈밭을 지나 모래 먼지를 일으키면서 다다른 곳은 미스카치타스 산입니다. 바위가 영지버섯 모양으로 켜켜이 놓여있고, 황무지 같고 거친 사막이어서 먹을 것도 없어 보이는 곳에 사막솜꼬리토끼와 야생 작은 들쥐도 눈에 띕니다. 사람들에게 먹이를 자주 얻어먹어서인지 사람들이 가까이 가도 도망치지 않습니다.

| 특이한 모양을 가진 바위들

이어 돌나무(Stone tree)가 있는 곳에 왔습니다. 지리산 정상에 있는 '석화목' 같은 종류일까 생각했는데 완전히 틀렸습니다. 수만 년 세월의 풍상을 겪으면서 바위들이 진기한 모양으로 변해 흩어져 있습

니다. 나무모양, 버섯 모양, 이상한 코끼리 모양 등 갖가지 형태를 띠고 있습니다. 미국에 있는 데스밸리나 모듀먼트밸리에 있는 바위들과 견주어 보아도 조금도 밀리지 않고, 각자의 자태를 뽐내고 있습니다. 아쉬운 것은 인프라 시설이 취약하여, 접근하는 게 쉽지 않다는 점입니다. 마지막으로 붉은 호수(Laguna Colorada)에 들렀습니다. 다른 호수가 갖고 있는 색깔에 붉은 색이 더하여 붙여진 이름입니다. 규모가 이전 호수들에 비해 훨씬 크고 서식하는 플라밍고도 많습니다. 낮은 곳에서도 호수를 볼 수 있도록 트레일도 만들어 놓았습니다.

일정을 마치고 숙소에 돌아오니 우리 일행 외에도 다른 나라에서 온 여행객으로 숙소가 가득찼습니다. 우리나라에서 1년 정도 살아 본 경험이 있다는 아르헨티나 아가씨도 보입니다. 한국에서의 생활이 유쾌했는지 즐겁게 추억을 쏟아냅니다. 낯선 이방인에게 친절을 베풀어준 대한민국의 국민들이 자랑스럽습니다.

| 호수에서 본 플라밍고 군무

스물네번째 날 - 1

4. 5 노천온천 &
베르데호수

숙소 - 솔 데 마나나 - 노천 온천 -라구나 베르데 - 볼리비아 국경
- 칠레 산페드로 아타까마

볼리비아에서 머무는 마지막 날입니다. 아쉬운 맘을 달래며 남겨둔 호수를 마저 보고, 칠레에 입국하여 국경 근처에 있는 달의 계곡에 갈 예정입니다.

새벽 5시에 출발해서 솔 데 마나나(Sol de Manana)라는 곳에 왔습니다. '아침의 태양'이라는 뜻으로, 아침에 화산 활동을 활발히 하기 때문에 붙여진 이름입니다. 오후에 가서 보아도 활발히 화산 활동을 하는 것을 본 사람도 있다니 꼭 맞는 말은 아닌 모양입니다.

화산도 밤새 잠을 자다가 이른 아침부터 활동을 시작하는 듯 여기저기서 유황 냄새를 잔뜩 머금은 하얀 증기가 세차게 품어져 나옵니다. 수백평 규모의 넓은 지역에서 증기가 높게 올라가는 것을 보니 지구

| 지구도 숨을 쉬면서 쏟아내는 하얀 증기

도 열심히 숨을 쉬고 있는 모양입니다. 날도 춥고 솟아오르는 증기가 얼마나 뜨거운지 신발을 대보니 열기도 열기려니와, 품어져 나오는 바람이 얼마나 센지 그동안 흙먼지 길을 다녀와서 더러워진 신발의 흙을 일순간에 날려 보내 깨끗한 신발이 되었습니다.

인근에 이런 증기를 활용한 지열 발전소가 최근에 건설되었는데 전기를 공급받은 지역 주민만이 지열의 수혜를 받는 것은 아닙니다. 노천 온천이 생겨서 이곳을 방문한 관광객들도 떡부스러기를 얻어먹는 셈입니다. 사방이 탁 트여 거칠 곳이 없는 노천 온천에 몸을 담그노라면 온통 내 세상 같습니다. 그동안 흙모래 사막을 이틀 넘게 달렸지만 고산증이 재발할까 두려워 머리도 제대로 감지 못했습니다. 여독이 쌓인 피곤한 몸을 따뜻한 물에 담그니 몸에 달라 붙었던 흙먼지와 피로가 일순간에 사라져 버립니다. 얼마나 몸이 개운한지, 기분까지 한층 좋아졌습니다. 다만, 탕의 온도가 섭씨 33도 정도였는데, 조금 더 따끈따끈했더라면 세상에서 가장 즐거운 온천욕이 되지 않았을까 살짝 아쉬웠습니다.

| 달리의 사막 전경

간단히 아침 식사를 하고, 얼마를 달려 달리의 사막(Desierto De Dali)에 왔습니다. 바람의 풍화 작용으로 살바도르 달리의 그림과 같은 모습을 간직한 곳이라고 하는데 나에게는 전혀 그런 느낌이 없습니다. 사람들이 다들 그렇게 보인다고 말하면 나마저도 그렇게 보아야 하는지 모르겠습니다. 라파스에서 길거리에 걸쳐진 우산을 보고, 느낀 억지의 스토리가 여기서도 부자연스럽게 생각되는 것은 나만의 생각일까요? 달리의 그림도 좋지만 일껏 목욕한 몸에 흙먼지를 뒤집어 쓸까봐 빨리 떠나고 싶습니다.

| 베르데 호수

볼리비아에서 마지막 볼거리인 베르데 호수(Laguna Verdo)에 왔습니다. 베르데는 녹색이라는 뜻이니 녹색 호수입니다. 호수 바닥에 구리 성분이 깔려 있다가 바람이 불면 침전물인 구리 성분이 자극을 받아 올라오면서 호수의 색깔이 옅은 녹색으로 변합니다. 호수 뒤 배경으로는 5,920m의 리칸카부르 화산(Volcan Licancabur)이 자리하고 있고, 산 너머에는 칠레가 있습니다.

그간 우리가 이틀하고 반나절을 이곳 볼리비아에서 어떻게 보냈는지를 쉽게 짐작해 보려면, 우유니가 자랑하는 다카르 랠리를 이해하면 됩니다. 세네갈의 수도로만 알고 있다가 자동차 경주의 이름으로도 쓰여지는 다카르 랠리(Darkar Ralley) 말입니다. 다카르 랠리는 세상에서 가장 험하고 거친 곳에서 벌이는 자동차 경주입니다. 도로가 아닌 도로 밖(Off road)을 달리는 경주로 주로 바위, 자갈, 나무뿌리 등이 수없이 얽혀 솟아 있고, 얕은 물에 잠겨 있으며, 진행하는 경로나 경계조차 흐린 곳을 달려야 합니다. 단 한 번의 시합만으로도 100만km를 달린 차보다 차체 피로도가 높아진다는 말이 있습니다.

처음에는 프랑스 파리에서 출발해 지브롤터 해협과 사하라 사막을 넘어 세네갈의 수도인 다카르를 반환점으로 하여 다시 파리까지 돌아오는 경기였다 합니다. 대회마다 사망자가 속출하고 경기를 창설한 프랑스인 티베르 사빈도 경기의 희생자 중 한 명이 되었습니다. 그런데도 극한의 환희를 맛볼 수 있다는 이유로 더 많은 사람들이 참가하고 있습니다. 2018년과 2019년에 우유니를 통과하면서, 이곳의 자부심이 된 것입니다. 인간은 참으로 희한한 존재입니다. 상금도 없는 대회에 죽을지도 모르는 위험을 기꺼이 감수하면서 모험을 찾아

나섭니다. 어쩌면 이런 점 때문에 지구의 지존으로 살아남을 수 있게 된 것인지도 모르겠습니다. 우리도 돈을 쓰고 시간을 들여서 생고생을 체험하러 이곳에 온 걸 보면……

볼리비아는 독특한 자연 경관과 잉카 문명의 발자취가 어우러져 세계 여러 나라로부터 많은 관광객을 끌어들이고 있지만 가난한 나라입니다. 특히 원주민의 60%가 절대 빈곤층이어서 사람도 남루하고 강아지마저 볼품이 없어 보입니다. 비록 삶이 고단해 보일 수 있지만, 이곳 사람들이 밝고 즐겁게 사는 사람들이라고 느끼는 것은 나만의 생각일까요?

Part
05.

칠레 | Chile

달의 계곡, 산 페드로 아타까마, 산티아고, 푸에르또 나탈레드
토레스 델 파이네

스물네번째 날 - 2

5. 1 달의 계곡

국경을 통과하여 칠레에 들어오니, 도로 상태부터 볼리비아와는 달라서 국부의 차이를 실감할 수 있습니다. 숙소에 짐을 풀고 잠시 쉬었다가 근처에 있는 달의 계곡을 보러나섰습니다. 지형의 모습이 달과 비슷하여 붙여진 이름이고, 수억 년의 풍상을 겪으면서 달 표면 같은 모습을 띠게 되었습니다. 사구도 보이고 달 표면과 비슷한 분화구의 모습도 보입니다. 이곳은 세계에서 몇 안 되는, 일몰의 아름다움을 가까이서 볼 수 있는 곳으로 알려져 있습니다. 많은 사람들이 아름다운 일몰을 보려고 여기저기 자리잡고 있습니다. 매일 뜨고 지는 해이지만 남다른 곳이 있는데 사막의 먼지가 날려서인지 탁 트인 곳에서 일몰을 볼 수 있는 것 외에는 별다른 느낌은 없었습니다. 감흥은 적지만 일몰 사진의 최적 장소라니 이곳을 배경으로 한 일몰 모습만 몇 컷 담고 돌아왔습니다.
저녁은 구글이 추천해준 맛집을 찾아 나섰습니다. 다행히 숙소에서도 멀지 않고, 평점이 좋은 식당으로 갔습니다. 10여명이 넘는 사람들이 기다리고 있습니다. 구글 통역기의 도움을 받아 스테이크와 와인 한 잔을 주문했습니다. 빈 테이블만 바라보고 한참을 기다리고 있으니, 사장인지 지배인인지 모르지만 무어라 말을 걸어옵니다. 통역기의 도움을 받아 무슨 말인지 알아보니, '좀 기다려도 괜찮은지?' 물어온 거라 '문제 없다'고 통역기로 답했습니다.

잠시 후에 주문한 하우스 와인이 작은 병에 담겨 나오고, 안주로는 어린아이 손바닥 만한 약간 단단한 빵 한 개와 토마토 등으로 양념을 한 소스를 가져왔습니다. 와인을 음미하는 사이에 메인 요리인 스테이크가 나왔습니다. 양파를 삶고 양념을 가미하여 두툼한 고기 위에 얹고, 감자 튀김과 쌀밥을 접시의 가장자리에 놓았습니다. 늦은 시간에 먹는 저녁 식사는 양도 많아, 고기를 주로 먹고 사이사이 포도주를 마셔보니 고기도 씹는 맛도 있고, 육즙도 풍성하고, 술맛 또한 그만입니다. 포식하였는데 값도 착했습니다.

스물다섯번째 날

5. 2 칠레의 수도, 산티아고 들어가기

산 페드로 아타까마 – 산티아고

11월 22일 대한민국에 귀국했고 오늘이 12월 22일이니 돌아보기 여행을 시작한 지 벌써 한 달이 지났습니다. 며칠을 시차 때문에 해롱거리다가, 돌려보기 여행을 시작한지 벌써 25일째 입니다. 현장에서 직접 보는 여행은 끝났지만, 돌아보기를 하느라 아직도 여행의 늪에 빠져있어 온전한 일상으로 복구하지는 못했습니다.

후배들을 만나 식사도 하고, 문화 답사가 있는 날은 답사도 가고, 일주일에 두번은 고전을 공부하러 갑니다. 체력 단련, 마음 챙기기 훈련, 영어 공부 등은 의식(Ritual)처럼 진행한 일상 중 아직 회복하지 못한 일과입니다. 여행을 한다는 것은 즐거운 일이고, 또다른 배움의 길이니 즐거운 마음으로 돌아보기를 마무리하여야 합니다. 이 과정을 생략했다면 비쿠나나 다카르 랠리를 어떻게 알 수 있었을까요? 칠레는 와인, 우리나라와 최초로 자유무역 협정(FTA)을 체결한 나라, 독재자 아우구스토 피노체트, 시인 파블로 네루다 등이 생각나는 나라입니다. 뭐가 더 있나 더듬어 보니 석상의 제작과 운반 방법, 존재 이유로 세상 사람들의 이목을 끌고 있는 이스터 섬의 모아이상도 있습니다.

43일간의 짧은 일정에 중남미 7개국을 훑어보느라, 칠레에는 5박6일의 일정밖에 할애가 되지 않았습니다. 남미 대륙에 길게 늘어져 있는 칠레의 길이와 넓이를 고려해 보면, 이번 여행에서 칠레를 다른 나라들에 비해 상대적으로 비중을 적게둔 것은 아닐까 하는 생각이 듭니다.

산 페드로 데 아타까마(San Pedro De Atacama)는 어제 달의 계곡을 본 것으로 만족해야 합니다. 6시에 숙소를 나와 버스를 타고 공항이 있는 칼라마로 이동했습니다. 공항에 도착하여 수속을 마치고, 아침을 먹으려고 나누어준 빵과 주스를 찾아보니 딴 곳에 두고 온 모양입니다. 커피 한 잔에 비스킷 몇 개로 아침식사를 때웠습니다.

이륙한 비행기는 칼라마를 떠나 2시간 여를 지나 산티아고에 도착했습니다. 산티아고는 칠레의 수도답게 깨끗하게 잘 정돈된 느낌이 들었습니다. 숙소도 모처럼 널찍하고 깔끔하여 마음에 드는 곳입니다. 오늘의 일정은 이곳에 도착하여 휴식을 취하고, 본격적인 자유여행은 내일로 예정되어 있습니다. 어렵게 온 곳이고 체류 시간도 짧은데 한나절을 호텔에서 시간을 보낼 수는 없어서 우선 짐을 풀고 아르마

| 산티아고 로고가 있는 광장

스 광장 인근에 있는 핫도그 골목에 가서 간단히 점심을 해결하고 다시 만나기로 하였습니다. 핫도그 골목은 광장 가까이에 있는 한 블록의 상점들이 온통 패스트푸드만 팔고 있어 붙여진 이름입니다. 흩어진 일행들은 각자의 취향에 따라 식당을 찾아갔지만, 좁은 지역이니 서로 만나게 됩니다. 식사 후에는 인솔자의 안내로 구시가지 명소를 수박 겉핥기식으로 둘러보고 숙소에 돌아왔습니다. 수박 겉핥기란 '이곳은 대성당, 저곳은 대통령궁, 얼마를 걷다가 이곳은 아르마스 광장입니다.'라고 말로만 안내하는 것을 말합니다. 시내 관광은 대부분 역사적 유적지이기 때문에 이런 식의 도움은 없는 것보다는 낫겠지만 제대로 시내 관광을 한 것이라 할 수는 없습니다.

일했던 곳에서 가깝기도 하고, 서울의 명소로서 접근하기가 쉬운 곳이어서 여러 번 남산에 올랐었습니다. 최근에는 외국인들도 적지 않게 방문하는 곳입니다. 여러 번 가보았어도 세심하게 관심을 기울이지 않고, 서울 전반에 대한 지식이 부족하면 '남산이 남산이지 뭐 더 이상의 설명이 필요한가?'라고 생각할 수 있습니다.

한 달에 한 번씩 하는 문화답사에서의 경험은 이렇습니다. 케이블카를 타고 가서 내린 다음부터 해설은 시작됩니다. 케이블카에서 내려 몇 발자국 걸음을 떼면, 피자를 굽는 화덕처럼 보이는 조형물이 다섯 개 있습니다. 이것은 봉수대로서 삼국시대부터 이용된 정보전달 장치입니다. 조선시대에는 세종 때 정비하여 활용한 것으로 국경 다섯 군데로부터 봉화를 받아 병조 근무처인 현재의 세종 문화회관에 전달되고, 최종적으로 어전에 보고됩니다. 제때 봉화가 전달되지 아니하면 곤장을 100대 맞게 되는데, 보통사람은 20대만 맞아도 죽을 수도 있었습니다. 국경 5군데 중 제1로는 함경도 경흥, 제2로는 동래 다대포,… 각 노선별로 몇 군데를 거치게 됩니다. 봉수대가 다섯인 이유는 하나에 연기가 올라오면 국경에 이상이 없고, 두개에서 연기가 올라오면 국경 너머 다른 나라의 군대가 보이고, 다섯개의 연기가 올라오면 전투가 벌어진 상황을 알리기 위해서지요.

| 과거 우리의 봉수대, 출처 : 한국학중앙연구원

날씨에 따라 맑은 날에는 불로써, 흐린 날에는 연기를 이용하여 상황을 전달하고, 현재 복구된 봉수대는 … 하며 한참을 설명합니다.
한양의 역사, 서울을 둘러싸고 있는 산들의 이름, 팔각정의 이름과 변천사, 서울의 배꼽인 남산의 표식, 한양도성의 축조가 남산까지 이어온 길, 근처에 보이는 활석으로 쌓은 성곽의 축조 시기, V자형 벤치 설치 사유 등 1시간 넘게 설명을 이어갔던 것으로 기억됩니다. 관광 온 외국인들이 동서남북으로 사진 몇 방 찍고, 자물쇠가 잔뜩 붙어 있는 곳과 팔각정에서 사진을 찍고, 케이블카에서 동영상 찍고, 내려가면 남산을 관광한 것일까요? 제대로 시내를 구경하려면 전문 가이드의 도움이 절대적으로 필요합니다. '아는 만큼 보게 된다'는 말은 여행에도 적용되거든요.

저녁 식사까지 시간이 남아 인류학 박물관을 찾아갔습니다. 에스파냐의 침탈 이전에 이곳에 살았던 사람들의 유물이 전시되어 있습니다. 약속 시간이 가까워 꼼꼼히 볼 수 없어 아쉽습니다. 저녁은 일행 대부분이 참석하여, 모처럼 한국식 삼겹살 구이가 나왔습니다. 여행을 시작한 이후에 처음으로 간 한국 식당입니다. 소주까지 곁들이니 외국에 와있다는 것이 실감나지 않습니다. 숙소에 돌아가려고 하는데 식당 주인이 코로나 이후로는 도시 중심가도 안전하지 않다며, 권총까지 보여주면서 안전을 신신당부합니다. 무사하게 귀가하여 모처럼 쾌적한 잠자리에 들어 봅니다.

스물여섯번째 날

5. 3 산티아고 시내

산티아고

오늘은 하루를 어떻게 쓸 것인지 스스로 정하는 자유 일정. 여유롭게 시내를 돌아다닐 수도 있고, 와인이 유명하니 와이너리에 가서 와인도 마셔보고 마음에 드는 술을 사올 수도 있고, '태평양의 보석'이라고 불리는 칠레의 제2도시이며 세계문화 유산으로 지정된 발파라이소(Balparaiso)에 가볼 수 있습니다. 발파라이소는 여기서 버스로 2시간 거리이니 왕복 4시간을 고려하면, 그곳에서 보낼 시간이 많지 않고, 와인투어는 다른 나라에서도 체험한 바가 있습니다.

안내 책자를 보고 고민 끝에 프리워킹 투어를 결정하였습니다. 매일 두 차례 산티아고 주요 지역을 돌아다니면서 영어와 스페인어로 설명해주므로, 도시를 알 수 있는 좋은 방법이 됩니다. 칠레 인구의 절

| 시내에 있는 대성당

반에 가까운 사람들이 살고 있고, 소득의 45%를 차지하는 산티아고는 큰 도시입니다. 호텔 카운터에서 노트북 컴퓨터를 빌려 예약을 하려 했더니, 시간 맞추어 오면 된다고 합니다.

약속 장소 가까운 곳에서 지도를 얻을 수 있다는 정보를 보고 사전에 도착하였으나 문이 닫혀 있습니다. 10시에 대성당 앞에서 시작한다고 했는데, 시간이 다 되어 가는데도 사람들의 모습은 보이지 않습니다. 일이 잘못된 것인지 염려하고 있었는데, 10시가 되자마자 잘생긴 청년이 빨간색 티셔츠에 영어로 자유 투어라고 쓰여있는 옷을 입고 나타났고, 주위에 사람들이 모여들기 시작했습니다.

10여분 후 출발할 때에는 26명이나 모였습니다. 투어는 아르마스 광장에서 시작했고, 에스파냐가 이 지역을 점령하여 도시 건설을 한 시점부터 설명을 합니다. 이어서 칠레의 독립 이후와 정치적 격변기를 거치면서 의미가 있었던 건물을 돌면서 개괄적인 설명을 해주었습니다. 헌법재판소, 의사당을 거쳐 라 모네다(La Moneda)라 불리우는 대통령궁에까지 왔습니다. 라 모네다는 에스파냐어로 '동전'을 뜻하는데, 이러한 명칭을 갖게 된 것은 당초 이 건물이 조폐공사 사옥으로 건설되었기 때문입니다. 파블로 네루다가 공산당의 대통령 후보가 되었지만, 살바도르 아옌데에게 양보하고, 그를 추대하여 대통령이 되게 하였습니다. 아우구스토 피노체트가 쿠데타를 일으켜 대통령궁을 점령할 당시, 모네다 궁전에서 끝까지 항전하고 전투를 벌였던 총탄 자국과 체 게바라로부터 선물 받은 권총으로 아옌데가 자살한 것에 대하여도 이야기합니다.

칠레는 신자유주의를 신봉하고 미국식 자본주의를 도입하여 남미의 3대 금융시장으로 성장했고 뉴욕의 월가 같은 누에바 요크 거리도 있습니다. 산타 루시아 언덕을 지나 국립미술관에 들러 조각품들을 감상하고, 2019년 지하철 요금 인상으로 촉발되어 시민 100만 명이 넘게 모여 신자유주의를 반대하는 시위를 벌인 곳과 많은 시민들이 잡혀 비밀리에 주검을 던져진 강까지도 보았습니다. 당시 '시위 배후에 K팝 팬들이 있다'는 칠레 정부의 보고서가 나와 빈축을 사기도 했다는 언론 보도도 있었습니다. 우리가 잘 느끼지 못하는 사이에 K-POP이 엄청난 영향력으로 도처에 문화 충격을 넘어 정치에도 영향을 미치고 있나봅니다.

마지막으로 파블로 네루다의 집인 라 챠스코냐에 와서 집에 관한 짧은 설명으로 투어를 마무리하였습니다. 안내자는 영어 전공 대학생으로서 '이 일은 봉사로 하고 있다'고 하자, 투어에 참여했던 많은 사람들이 박수로 격려했고, 헤어지면서 손에 팁을 쥐어 주었습니다. 겉핥기보다는 많은 도움이 되었지만, 진보적인 입장을 견지한 젊은이

| 국립미술관에 전시된 조각품

라 주로 현대사에 집중한 해설이 조금은 아쉬웠습니다. 결국 안내자가 아는 만큼에다 그가 생각하는 방향에 따라 그 나라의 국가 정체성과 역사를 이해할 수밖에 없습니다.

20세기의 가장 위대한 시인이며, 그와 관련되어 감동적으로 본 영화 `일 포스티노( IL POSTINO 우편배달부)`, 이제 그의 집을 구경해야 합니다. 네루다는 이곳의 집 말고도 두 채의 집을 더 가지고 있었습니다. 하나는 바다를 좋아한 그가 늘 멋진 바다를 바라볼 수 있는 항구 도시 발파라이소에 있고, 다른 하나는 이슬라네그라에 있습니다. 영화에서 네루다가 우편배달부 마루다에게 섬의 아름다운 것들에 대하여 말해 보라고 합니다. 그가 이에 대한 답장으로 밤바다의 파도 소리, 절벽의 바람소리, 나뭇가지에 부는 바람소리 …밤하늘에 반짝이는 별 소리를 녹음하는 영화의 장면은 아름다운 시 한 편보다도 감동적이어서 아직도 생생합니다.

입장료와 영어 오디오북 요금을 계산하고, 설명을 들으면서 순회하

| 산티아고에 있는 네루다의 집

였습니다. 네루다는 시를 써서 노벨상을 수상했지만, 현실 정치에도 참여해 대통령 후보와 프랑스 대사를 지내는 등 다양한 경력이 있습니다. 구경한 집은 세 번째 부인과 살았던 곳입니다. 너무 높지도 낮지도 않은 곳에 터를 잡은 이층집이고, 정원으로 나와 계단을 올라가면 좀 더 높은 곳에 개인 바를 만들었습니다.

전면 유리로 창문을 만들어 밖을 내다볼 수 있는 담소 공간, 그 옆에는 커다란 서재가 있습니다. 식탁, 집기, 기타 장식품들을 보니 호화롭지는 않아도 멋들어진 것으로 본인만의 기호가 느껴집니다. 전시된 그림 중 인상에 남는 것은 부인과 네루다가 같이 있는데, 부인의 목에 머리를 두 개 그렸고, 그 중 머리 하나가 다른 곳을 보는 장면입니다. 오디오북은 부인의 마음이 다른 곳에 가있다고 말합니다. 미모가 아름다운 부인은 명사(名士)와 결혼했지만, 마음을 따로 주는 애인이 있었으니, 연애시만으로 사람의 마음을 잡지는 못하는 모양입니다.

| 시인 네루다의 집에 있는 바

아옌데 정권이 무너지자 병상에 누워 격렬하게 항의하는 시를 쓰던 그가 처음에는 '암으로 죽었다'고 발표되었으나, 30여년의 시간이 흐른 2010년에 '제3자 개입을 통한 독살'이라고 칠레 정부가 발표했습니다. '모든 꽃을 꺾을 수는 있어도, 봄이 오는 것을 막을 수는 없다.'는 그의 발언도 잘 알려져 있습니다. 김영삼 전 대통령이 민주화 운동을 하면서 "닭의 모가지를 비틀어도 새벽은 온다."라는 말을 했는데, 이는 네루다의 말을 변형해서 활용하였다는 설도 있습니다.

기념품을 구입하고 가이드가 맛집이라고 알려준 칠레 식당에서, 시원한 맥주 한 잔과 칠레 전통 음식으로 우리식 갈비탕과 해물탕을 먹었습니다. 식후에는 푸나쿨라를 타고 산티아고 시내를 한 눈에 볼 수 있는 산 크리스토발 언덕의 정상에 올랐습니다. 정상에 예수상과 작은 성당이 올려져 있는 이 나라도 에스파냐 식민지였고, 가톨릭 국가입니다.
 오는 길에는 도심 공원의 역할을 하고 원주민들과 전쟁을 하면서 포대가 설치된 산타루시아 언덕을 돌아보고, 숙소에 오니 저녁 6시가 넘어 갑니다. 이만 보를 넘게 걸은 하루였습니다.

스물일곱번째 날

5. 4 푸에르또 나탈레스

산티아고 - 푸에르또 몬트 경유 - 푸에르또 나탈레스

지구에 있는 10대 비경의 하나인 토레스 델 파이네(Torres del Paine) 국립공원의 관문인 푸에르또 나탈레스(Puerto Natales)에 가는 것이 오늘 일정입니다. 여행을 하다 보면 이동 시간이 적지 않습니다. 공간을 바꾸어야 새로운 것을 만날 수 있고, 순간 이동 장치가 없으니 시간을 들이고 돈도 써야 합니다.

산티아고에서 푸에르또 나탈레스까지는 비행기로 3시간 30분이 소요되며, 환승을 하다 보니 거의 하루가 걸린 꼴입니다. 불가피한 선택인지는 모르겠지만 지나가는 시간이 아쉽기만 합니다.

칠레는 남미 국가 중 OECD에 가입한 두 나라 중 한 나라로서 경제 수준이 높고, 환경 문제에 있어서도 앞서가는 편입니다. 지속 가능한 환경을 고려하여 신재생에너지 비중 확대에 특별히 신경을 쓰고 있습니다. 북쪽 사막지역에는 대규모 태양광 발전소를 건설 운영하고 있으며, 풍력 발전소의 비중도 점차 늘려가고 있습니다. 공항 가는 길에 보니 한눈에 헤아리기 어려울 만큼 많은 풍력 발전기가 대단지를 이루고 있습니다.

| 푸에르또 나탈레스까지 가기 위해 들러야하는 공항

공항에 도착하여 수속을 마치니 여유 시간이 많이 남았습니다. 일행 중 한 분이 어제 저녁 한국인이 운영하는 식당에서 식사도 하고, 사장과 한 시간 정도 정담을 나눈 이야기를 전해줍니다. 코로나가 발생하여, 대부분의 식당과 서비스업 종사자들이 큰 피해를 입었다고 합니다. 본인은 이전부터 배달을 많이 해왔는데, 오히려 코로나로 수요가 늘어 집도 한 채 더 살 수 있었답니다. 많은 사람들에게 힘든 시간이었지만, 준비된 사람에게는 오히려 기회였고, K-컬쳐가 이곳에도 큰 인기를 끌고 있어 40호 정도 되는 우리 교민 행사에 만 오천 명이 넘는 인파가 참여했고, 덕분에 사업도 더욱 호황을 맞고 있다 합니

다. 고객들도 과거에는 우리 교민이나 한국 관광객이 상당한 비중을 차지하였는데, 지금은 현지인의 비중이 훨씬 많다고 합니다.

문화의 힘이 음반을 팔고, 가수에 대한 열광을 넘어 각국에 있는 교민들의 경제적 이득은 물론이고, 국격과 교민들의 위상에도 긍정적인 영향을 주고 있음을 실감합니다.

환승 대기 시간을 제외한 비행시간은 4시간여 밖에 안 되지만, 운 좋게도 활동하기 편하고 공간도 넓은 비상구 옆 좌석에 앉게 되었습니다. 비행 중 점심시간이 되었는데도 물 한 모금 없는 걸로 보아 저가 비행기인 모양입니다.

공항에 도착해서 밖을 보니 저 멀리서 안데스 산맥의 설산이 보이고 산 위로 푸른 하늘과 흰 구름을 이고 있는 모습이 페루나 볼리비아는 말할 것도 없고, 칠레의 북부와도 대비되어 보입니다. 아마도 가까이에 보이는 푸른 숲들이 이런 느낌을 주는 듯합니다.
숙소에 도착하여 인근을 둘러보니, 아기자기한 시골 어촌 마을로서 도시에 비해 한층 차분한 느낌이고, 공기도 청량합니다. 숙소 맞은편에 나무 울타리를 경계로 초록색 줄기 위에 노란색 꽃들이 만발한 민들레 군락이 보여 평화롭고 한적한 분위기를 더하여 줍니다. 숙소에 짐을 풀고, 점심도 건너뛰었으니 빨리 맛있는 식사를 해야 합니다. 생소한 곳에서 맛집을 찾는 방법에는 구글 지도만큼 도움되는 것은 없습니다. 구글이 안내하여준 맛집을 찾아 나섰습니다. 룸메이트는 '속이 편치않다고' 알아서 하겠다고 하니, 나홀로 식사를 해야겠지만, 이국에서 혼밥이 무슨 문제가 되겠습니까?

| 숙소 인근 민들레핀 모습

식당 'Cafe Artimana'는 평점이 4.7점이고, 리뷰에는 '음식이 정말 좋으나, 현금만 받는다'고 되어있습니다. 아담한 규모이고, 테이블은 5개밖에 없는데, 2개는 이미 손님이 자리를 차지했으니 곧 만석이 될 것 같습니다. 옆 테이블에서 주문하여 먹는 것과 구글 평가를 종합하여 나름 주문을 합니다.

| 아담한 공간에서 혼밥

와인은 여러 군데에서 맛을 보았고, 이곳 수제 맥주가 맛있다 하니 맥주와 스테이크를 주문 해놓고 기다렸습니다. 맥주와 안주로 치즈와 작고 부드러운 빵이 나왔는데, 높은 평점을 줄 만합니다.

| 나탈레스 부둣가에서 바라본 풍경

메인 요리인 스테이크를 한 입 씹어보니 간기가 조금 세지만 고소한 고기 맛에 육즙과 씹힘이 있어 맛있게 먹었습니다. 식사를 마치고 산보 삼아 부둣가 쪽으로 나왔습니다. 일행인 부부 한 쌍을 만나 해가 떨어지는 모습을 바라보면서 사진도 찍고, 바닷가 쪽으로 펼쳐진 데크에 앉아 나탈레스의 풍광을 한껏 누릴 수 있었습니다.

이곳 바다와 멀리 보이는 설산의 모습을 찍으며 시간을 보내다가, 낯선 한국인 부부 여행객을 만났습니다. 이야기를 나누다 보니 남편은 나랑 동갑이고, 부인은 활발한 성격에 사교적인 인상입니다. 4개월 작정으로 여행중이며, 남편 분이 '트레블 그레이(Travel Grey)'를 쓴 시니어 여행 전문가인 한경표 씨 친구분입니다. 한경표 씨가 여가여행 소통 커뮤니티인 [50+]The 여가 연구소에서 시니어를 위한 자유여행 안내 교육을 할 때 수강한 바가 있어 그의 이름을 익히 알고 있었는데, 그런 분의 친구라니 세상이 좁다는 것을 실감했습니다. 한씨는 '여행은 나이가 아닌 용기의 문제'라면서 나이가 들어 떠나는 여행의 준비 사항을 꼼꼼하게 짚어주었고, 동갑이어서 호감이 갔던 인물입니다. 수강 후에는 그가 지은 책도 읽은 게 자유여행을 하는데 도움이 되었지요.

새롭게 만난 부부는 사나흘 여행하고 사이사이 휴식을 취하며, 다음 행선지를 계획하고 숙소도 현장에서 정하는 식으로, 말 그대로 자유 여행을 즐기는 중입니다. 마음에 드는 곳에 베이스 캠프를 치고 며칠씩 인근을 탐색하고 다닙니다. 영어 소통이 가능하니 큰 어려움이 없고, 짐도 비행기 안에 들고 갈 수 있는 배낭과 이중 등산복 안에 있는 전대(돈주머니)가 전부이고, 세탁은 쉬는 날 직접 하거나 세탁소를 이용합니다.

동갑내기이지만 자유 여행을 하는 능숙함 정도는 한경표 씨를 능가하는 분입니다. 혼자 온 나로서는 부부가 건강하고 활력있게 여행하는 모습이 부러웠습니다. 이곳에 있는 맛집 소개도 받고, 우리보다 한 발 앞서 들르는 여행지의 유용한 정보를 주겠다는 말을 듣고 헤어졌습니다.

스물여덟번째 날

5. 5 지구 10대 비경의 하나인 토레스 델 파이네

푸에르또 나탈레스 - 토레스 델 파이네 국립 공원

안데스 산맥은 남미 지역의 서쪽을 종단하는 등뼈같은 존재입니다. 하나의 산맥이지만 지형의 특징은 지역마다 다르게 나타납니다. 볼리비아와 페루에서 안데스 산맥은 산도 높고 계곡도 깊어, 낮은 골짜기에도 높은 산지에도 너른 땅을 만들고 있으며, 땅의 넓이에 맞추어 도시가 형성되거나 마을이 보입니다.

칠레의 남단에 오니, 산맥이 높은 곳에서 버티고 있던 힘을 다하고 바다로 미끄러져 가는 듯싶습니다. 산의 높이도 낮아지고 계곡도 깊지 않습니다. 많은 강우량과 쌓여 있던 만년설이 녹아서 만든 호수들이 여기저기 눈에 띕니다. 만들어진 호수들이 홀로 갇혀 있지 않고, 강으로도 연결됩니다. 산도 적당히 높은 데다 비가 많이 내리니, 초지가 만들어져 이곳저곳의 너른 목장에는 양도 보이고 소와 말들도 기르고 있습니다. 페루나 볼리비아보다도 훨씬 여유롭고 공기도 맑습니다.

오늘의 일정은 푸에르토 나탈레스에서 출발하여 토레스 델 파이네 국립공원을 돌아보는 일입니다. 푸에르토 나탈레스가 자리 잡은 곳의 주(州)는 이름부터 심상치 않습니다. Ultima Esperanza(마지막 희망)이라는 곳으로, 이곳을 잃으면 더 이상 희망이 없다는 비장함마저 듭니다. 개발이라는 미명으로 또는 뭇 사람들의 발자국으로 더 이상 훼손되어서는 안 되는 자연이 있는 곳이라고 할까요?

토레스 델 파이네(Torres del Paine)는 이곳에 살았던 원주민의 말로는 '창백한 블루의 탑'입니다. 블루라는 형용사만으로는 푸르름을 표현하기가 부족한 모양입니다. 국립공원의 이름이기도 하고, 이곳에 있는 화강암으로 된 세 개의 봉우리를 가리키는 말이기도 합니다. 멀리서 보아도 웅장한 자태를 알아볼 수 있고, 정상은 칼날처럼 날카롭고 옆면은 깎아지른 듯한 절벽입니다. 공원을 대표할 만큼 위용이 있어 공원의 이름으로도 사용되나 봅니다. 푸에르토 나탈레스를 출발한 버스가 무슨 일인지 예고도 없이 도중에 잠깐 멈춥니다. 길 옆 산 위에 콘도르 두 마리가 모습을 보이고 있으니 감상하라고 정차한 것입니다. 멀리 있는 콘도르를 찍었는데 작지만 선명하게 나옵니다. 남미에서 콘도르는 자유의 상징이며 '영웅이 죽으면 콘도르로 환생한다'는 전설을 갖고 있습니다. 이런 배경이 남미인에게 깔려있어서 아르헨티나, 칠레, 페루 등 남미 여러 나라의 국장(國章)에 표시되는 존재입니다. 운이 좋지 않으면 콘도르를 볼 수 없다고 덧붙이는 걸 보면, 오늘도 무언가 좋은 일이 생길 것 같습니다.

잠시 후 정차한 곳은 세로 카스티오(Cerro Castilo)마을입니다. 이곳은 파타고니아 정착민들이 사는 곳으로, 마을 입구에 앞발을 박차

| 산꼭대기에 모습을 보인 콘도르

고 하늘로 날아가려는 듯한 말의 모습을 동상으로 만들어 놓고, '말의 충성스러움과 활발함으로 이지역이 보존되고 발전되었다'고 설명하는 간판이 보입니다. 기념품 가게에서 어제 만났던 자유여행의 도사 내외분을 다시 만났는데 그분들은 아르헨티나로 들어갑니다.

호수를 보려고 길을 나섰습니다. 처음 만난 호수는 사르미엔트호수(Largo Sarmient)입니다. 호수가 아름다운 것은 그 자체의 아름다움도 있지만, 호숫물에 담기는 파란 하늘과 흰 구름, 배경으로 보이는 만년설이 덮인 산들과 초록색의 평원까지를 아우를 때 그 비경을 체감하게 됩니다. 호수를 찾아가는 길에는 과나코의 모습도 보이고, 너른 평원에는 이름 모를 잡풀들과 만져보면 가시 같은 느낌이 드는 연분홍과 연녹색이 섞인 말리부시가 이곳저곳에 자리 잡고 있습니다. 본격적으로 봄이 되면 노란 색의 예쁜 꽃을 피워 냅니다.

살토 그란데(Salto Grande)라는 이정표를 지나, 노르덴스크홀드 호

수에 모여든 물이 흘러 페오에 호수로 흘러가면 폭포를 만듭니다. 옥색의 물이 낙하하면서 만들어내는 하얀 포말과 그 위로 떠오르는 무지개의 모습은 글이나 상상력만으로는 아름다움을 제대로 묘사하거나 떠올리기 어려울 정도입니다.

살토 그란데에선 호수도 볼만하지만, 사진을 찍은 배경으로 둘러선 거대한 바위산들의 모습이 장관입니다. 가장 높은 3050m의 파이네 그란데 봉(Cero pine Grande)은 오히려 작게 보이고, 소의 뿔 모양처럼 보이는 2600m의 데 파이네(Cuernos de Paine)가 더 높아 보이는 것은 눈의 착시 현상 때문입니다. 호수 가장자리에 빨갛게 핀 꽃들도 비취색 물을 담은 호수와 대비되면서 아름다움을 더해줍니다.

고사목들이 무더기로 보이는 길도 지나고, 유람선이 다니는 선착장에 도착하여 호수 위를 다니는 유람선의 모습을 배경으로 담아내는 인증샷이 멋지다고 모두들 열심히 셔터를 눌러댑니다.

오늘의 최고 비경, 야트막한 언덕에 올라 포오에 호수(Lago Pehoe)

| 곳곳이 장관인 호수의 전경

를 내려다 봅니다. 너른 호수에는 작은 섬이 있고, 육지에서 섬까지를 연결하는 자그마한 목재 다리가 있습니다. 폭은 서너 명 정도가 한꺼번에 건널 수 있고, 다리의 길이도 섬의 길이와 넓이를 고려하여 황금 비율로 맞춘 것인지 완벽한 비례미까지 느껴집니다.

다리를 건너가면, 마치 신선들이 사는 별천지나 무릉도원인 양 생각되는 것은 나만의 느낌은 아닐 것입니다. 가보지 못하고 먼발치에서 보았기 때문에, 실재를 체험해보지 못한 아쉬움으로 그 아름다움을 과장했을지도 모릅니다. 여기에 터를 잡고 몇 달쯤 머물 순 없을까요? 쉬엄쉬엄 트레킹도 하고 눈 덮인 설산을 하염없이 바라보면서 명상의 시간을 보내고픈 마음이 한가득입니다. 호수를 여러 곳 들렀지만, 이곳만은 발걸음이 쉬이 떨어지지 않습니다. 사진으로도 아름답지만 실물엔 더욱더 끌립니다. 하늘색의 호수에 비춰진 구름과 설산의 모습, 호수를 에워싸고 있는 연두색의 야트막한 야산, 더 멀리 만년설을 두르고 있는 산봉우리들, 이것들을 아우르고 있는 하늘에 떠있는 회색과 흰색의 구름, 섬과 육지를 연결하고 있는 아담한 규모의 목재다리, 다리 끝자락에 자리 잡은 단촐한 건물들이 어우러져 신선세계를 이루고 있는 듯싶습니다.

Part
06.

아르헨티나 | Argentina

엘 칼 라파테, 페리트 모레노 빙하 투어,
엘 찰텐 트레킹, 비글 해협, 티에라 델 푸에고 트레킹,
우수아이아, 부에노스 아이레스, 푸에르토 이과수

스물아홉번째 날

6.1 엘 칼 라파테 :
빙하들의 국립공원 전진 기지

푸에르토 나탈레스 – 엘 칼 라파테

토레스 델 파이네를 묘사한 말 중 어떤 것도 허투루 부풀리거나 허황된 것은 없다고 생각됩니다. 아쉬운 것은 짧은 여행 일정일 뿐입니다. 이곳을 누리려면 "통상 W트랙으로 불리는 4박5일짜리 트레킹, W트랙과 그 뒤까지 전 구간을 시계 반대 방향으로 도는 7박8일 트레킹, 101km의 일주일 코스, 더 나은 전망과 더 완벽한 고립, 더 깊은 야생의 세계에 대한 더 높은 자부심까지도 충족시켜 줄 수 있는 세계 최고의 트레일 코스 중 하나인 곳을 단 하루도 안 되는 시간에 온전히 누리겠다는 것은 과한 욕심이고, 가능한 일도 아닙니다.
언제가 될런지는 모르지만 후일을 기약해 봅니다. 아르헨티나에 있는 로스 글라시아레스 국립공원(Parque Nacional Los Glaciares)을 엮어서 보름정도 시간을 들이면 제대로 즐길 수 있을 것 같습니다. 로스 글라시아레스 국립공원은 세계 5대 미봉 중 하나인 엘 찰텐이 있으며, 칠레에서 본 것보다 크고 아름다운 빙하를 가까이서 볼 수 있는 곳입니다.

일정은 짧아도 백미를 놓칠 수는 없으니 여행을 계속해야 합니다. 좀 더 가까이서 웅장한 빙하를 보기 위해 아르헨티나로 입국하는 날입니다. 7시 버스를 타기 위해 새벽부터 서둘렀는데, 6시 반이 넘어서도 기사의 모습은 보이지 않습니다. 다들 불안해하는 시점에 기사가 나타나 우리를 태우고 속력을 내어 가까스로 출발 시간 가까이에 터미널에 도착했습니다. 시간 반 정도를 달려 출국 절차를 마치고, 조금 더 가서 아르헨티나로의 입국수속을 하는데 짐 검사도 없습니다.

남아메리카 지역의 끄트머리인 파타고니아 (Patagonia) 지역에 들어오니 두어 시간을 달려도 산의 모습은 보이지 않고 끝없이 너른 평야지대만 펼쳐집니다. 목적지에 도착하기 한 시간쯤 전에 안데스산맥의 영향력이 약해지면서 다시 멀리서 눈 덮인 산의 모습이 하나 둘 보이기 시작합니다.

터미널에서 내려 보니, 이곳도 로스 글래시아레스 국립공원을 여행하기 위한 전진기지 역할을 하는 작은 관광도시입니다. 숙소는 터미널에서 가까운 곳에 있습니다. 작은 차 한대가 마중 나와서 짐만 싣고, 우리는 10여분 걸어서 숙소에 도착했습니다.
오늘의 숙소는 한국인이 운영하는 곳입니다. 한국인은 가끔 만났었지만, 정착하여 사는 교민과의 만남은 처음입니다. 숙소는 리조트형이어서, 직접 식사를 해먹을 수 있습니다. 배정된 방은 복층으로 되어있으며, 층별로 침대가 있습니다. 자다가 내려올 일도 있을 텐데,

| 고즈넉한 숙소

방짝이 2층을 본인이 쓰겠다고 하니, 고마울 뿐입니다.

여행하는 나라가 바뀌었으니 아르헨티나에서 쓸 돈을 환전해야 합니다. 점심도 먹고 환전도 하기 위하여 시내 쪽으로 나와보니 깨끗하고 아담한 도시입니다. 점심을 먹은 곳은 식당 겸 서점으로 꾸민 곳으로, '이런 것도 음식이라고 할 수 있나' 하는 생각이 들 정도의 맛이었습니다. 새로운 도시에 왔으니, 낯선 곳을 탐색해 보았습니다. 큰 도로를 따라 몇 블록을 걷지 않은 것 같은데, 그것이 시내 중심가의 전부인 아주 작은 마을입니다. 본격 여행을 하기 위한 베이스 캠프 같은 곳입니다.

돌아와 숙소의 접객실에 들렀더니 사장님과 일행 두 분이 담소하고 있습니다. 사장님의 성함은 권혁태이고, 서울대 수학교육과를 졸업하였습니다. 나의 셋째 처남과는 2년 과 후배 사이여서 어렴풋이 처남을 기억해냅니다. 2022년 9월 26일자 주간경향에 사장님의 인터뷰 기사가 실렸습니다. 박정희 체제의 암울한 시대에 대한민국을 떠나와 이곳에 정착하였답니다. 이제는 이곳에서 자리를 잘 잡아 안정적인 생활을 하고 있습니다.

조국인 대한민국에 대하여는 나라의 위상이 높아지고 발전한 것에 대하여 자부심을 갖고 있으면서도, 너무 유행에 민감하고 어떤 사안에 대하여 심층적인 분석없이 흐름에 편승하는 국민성이 아쉽다고 했습니다.

아르헨티나의 고기와 소금 맛이 최고라면서, 기회가 된다면 바비큐를 해먹으면 참 맛을 알 수 있으니 시도해 볼 것을 권합니다. 이 말을 듣고 일행 몇 분은 즉시 실행에 들어갔습니다. 예약한 식당에 가서 저녁을 먹으려고 나오는데, 바비큐를 굽고 있는 분이 구운 고기를 한 점 먹어보라 합니다. 아무 조미도 없이 두툼한 고기에 소금만 뿌려 만든 스테이크인데, 최고급 육에서 느껴 볼 수 있는 고급스런 맛이 납니다. 고기에 쌈장과 마늘을 넣어 양상추에 싸서 먹어보니, 고국의 맛이 혀끝에 느껴집니다. 아쉬운 마음을 접고, 감도는 맛을 음미하면서 예약해둔 식당으로 발걸음을 돌렸습니다.

| 양이 풍성한 아사도

저녁으로는 아르헨티나가 자랑하는 아사도를 먹었습니다. 아사도는 스페인어의 '굽다'라는 뜻의 동사 '아사르'에서 나왔습니다. 아르헨티나는 인구 수보다 소의 사육 두수가 많아 주로 소고기를 쓰지만, 양고기나 염소고기, 닭고기 등도 함께 굽습니다. 고기를 장작불 위에 구워서 기름기를 뺀 후에 먹으려면 시간이 많이 걸리기 때문에 사전 예약이 필요합니다. 식당이 언덕 위에 자리 잡고 있어, 해지는 마을 모습을 잘 볼 수 있습니다. 소, 양, 돼지, 닭 등의 고기와 소시지, 순대를 만들어서 한 접시 그득 내어 왔습니다. 아르헨티나가 자랑하는 말벡 포도주와 곁들여 먹어보니 궁합이 잘 맞습니다. 고기는 먹어도 먹어도 바닥이 보이지 않습니다. 남겨진 고기는 숙소에 있는 강아지 몫으로 싸가지고 왔습니다.

서른번째 날

6. 2 페리토 모레노
빙하 투어

엘 깔라파테 : 페리토 모레노 빙하 투어 - 푸에르또 반데아 - 프란시스코
- 펜시투 모레노 - 페리토 모레노

로스 글라시아레스는 빙하들의 국립공원이라는 말입니다. 이곳은 1981년 유네스코가 세계유산으로 지정한 곳이며, 죽기 전에 꼭 가야 할 세계 휴양지 100곳 중의 하나로 선정된 곳입니다. 우뚝 솟은 바위 산들과 길이 160km에 달하는 아르헨티노 호수(Lake Aregentino)를 비롯하여 수많은 빙하호수가 있으며, 47개의 빙하와 주 빙원과는 별도로 200여개의 소규모 빙하를 볼 수 있습니다. 남극을 제외한 가장 큰 얼음층으로 면적은 60만ha라니, 우리나라 농지 전체 면적인 160만ha의 37%에 달하는 넓이입니다.

오늘의 일정은 이 공원의 얼굴이라 할 수 있는 페리토 모레노 빙하(Perito Moreno Glacier)를 보러 가는 날입니다. 1887년 빙하를 발견한 프란시스코 모레노를 기념하고자 그의 이름인 모레노와 존중

| 아르헨티노 호수

의 뜻인 페리토를 합하여 명명한 것입니다. 원주민이 살고 있는 땅을 뒤늦게 세상에 알리는 것도 발견이라 할 수 있는 것인지? 또 이런 식의 역사 기록이야말로 정복자 위주의 사관은 아닐까라는 생각이 듭니다. 원주민들은 이곳을 무엇이라 명명했을까 궁금해집니다. 우리 일행을 태운 버스는 시내 몇 군데를 들러 동행할 여행객들을 태우고, 페리토 모레노 빙하에 가는 도중에는 두 군데 호수 앞에서 잠시 멈추어 사진 찍는 시간을 주었습니다. 구글 맵으로 확인해보니 별개의 호수가 아니라 모두 160km에 이른다는 아르헨티노 호수의 일부였습니다.

얼마를 더 달리니 멀리서 설산을 배경으로 한 넓은 빙하가 옥색의 빙벽을 뒷쪽에 두고, 앞쪽에는 호수를, 양 옆으로는 다갈색 흙과 나무들이 보이는 산을 배치하고 있어 원시 자연의 아름다움이 물씬 느껴지는 곳이 나옵니다. 옥빛 호수가 보이고, 사람의 이목을 쉽게 끄는 도로 가장자리에 서있는 간판에 하늘색의 배경에 하얀 색의 지

도와 영자로 '말비나스 아르헨티나(MALVINAS ARGENTINAS) 1069km'와 '말비나스는 우리를 하나로 묶습니다.'(Malvinas nos une)라고 적어 놓았네요. 이곳에서 말비나스까지는 1069km 떨어져 있지만, 아르헨티나 땅이라는 것을 여행 온 사람들에게 알려주려는 의도적인 표식입니다. 영국에서는 말비나스를 '포클랜드'라 부르며, 이곳의 영토 소유권을 두고 양국이 1982년에 '포클랜드 전쟁'을 벌인 곳이기도 합니다. 전쟁의 패배로 이 땅을 잃었지만, '땅 주인은 우리이니 땅을 돌려주라'는 뜻의 항의를 입간판으로 점잖게 표현하면서 수복의 의지도 내비치고 있습니다. 여행을 하면서도 곳곳에 힘있는 자들의 횡포와 힘없는 자의 서러움을 느끼게 됩니다.

연한 푸른색의 호수와 반짝이는 물결을 앞에 둔 옥빛의 빙벽은 멀리서 보아도 웅장하고, 주인공으로서의 고운 자태를 한껏 뽐내는 듯합니다. 이제는 유람선을 타고 모레노 빙하를 가까이서 보는 시간. 여

| 거대한 빙벽

　행객을 태운 유람선은 빙벽을 향하여 서서히 앞으로 나아가다가 , 빙벽 가까이 와서는 잠시 멈추어 서서 좌우로 방향을 돌려서 탑승한 승객들에게 아름다움을 생생하게 만끽할 기회를 고르게 주고 있습니다. 승객들은 기회를 잡아 자기만의 사진을 찍고 싶으나, 좁은 공간에서 서로의 간섭으로 여의치 않습니다. 운이 좋으면 빙벽이 무너져 내리는 모습과 천둥소리 같은 굉음도 들을 수 있다던데, 오늘은 그런 행운이 따라주지는 않습니다. 본래 여행 일정표에는 빙하 위를 걷는 미니 트레킹을 하고, 빙벽의 얼음을 뜯어내어 잘게 부수어 유리컵에 넣고, 양주를 부어 마시는 체험도 있다고 되어 있어서, 잔뜩 기대하고 있었는데 어인 일인지 계획표와는 다릅니다. 바뀐 일정에 대하여 설명을 하려면 구차해지는 상황인지, 연로한 여행객을 배려한 것인지 알 수 없습니다. 못해 본 것에 대한 아쉬움을 뒤로하고 이제는 육지에서 빙하를 감상할 차례입니다.

육지에서 빙하를 쉽게 감상할 수 있도록 빙하 가까이에 데크를 설치해 놓았습니다. 손에 닿을 듯 가까운 거리에서도 빙하를 구경할 수 있도록 만든 것이지요. 계단식 데크를 만들어 아래로 내려갈수록 빙하에 가까이 다가섭니다. 맨 아래까지 이어진 데크를 따라가 보니 빙하가 순백색과 옥빛만은 아닙니다. 수천만 년 동안 눈이 내리고, 쌓이고, 녹으면서 빙하가 만들어지는 과정에 흙먼지 바람도 맞은 양, 여기저기 빙하에 흙먼지들이 붙어있는 모습을 보니, 근접 관찰이 좋은 것만도 아닙니다. 아름다운 것도 적당한 거리를 유지하는 것이 더 나을 때도 많듯이, 빙하 감상도 거리두기가 필요한가 봅니다.

호수가 있고 빙하가 있는 모습이 알프스와 비슷하지만, 아기자기함과 웅장함의 차이가 아닐까 생각해 봅니다. 모레노는 가까이서 자세히 봐도 아름답지만 멀리서 얼핏 보아도 자꾸만 돌아보게 하니 자연의 신비가 빚은 걸작품이 분명합니다. 숲과 안데스 산맥의 뾰족뾰족한 설산 봉우리에 둘러싸인 빙하가 아스라이 멀어져갑니다.

서른한번째 날

6. 3 엘 찰텐
트레킹

엘 칼라파테 - 엘 찰텐 트레킹

오늘은 엘 찰텐(El Chalten)에 있는 피츠 로이(Certo Fitz Roy) 산봉우리를 가까이 보러 트레킹 가는 날입니다. 엘 찰텐은 엘 칼라파테에서 보면 로스 글라시아레스 국립공원의 우측 경계에 있습니다. 페리토 모레노가 국립공원의 좌측에 자리 잡고 있으니, 반대편 쪽에 있다고 머릿속으로 그려보면 됩니다. 엘 찰텐은 피츠 로이를 보러 가기 위한 관문 역할을 하는 산골 마을로 설산으로 둘러싸여 있습니다. 숙소에서 트레킹이 시작되는 엘 찰텐까지는 230Km로 2시간이 넘게 걸리니 여유시간을 충분히 확보해야 합니다.

당초 7시반에 출발 예정이었으나, 아침 식사의 메인 중 하나인 크로와상이라 부르는 반달빵(Media Luna)이 7시에나 배달이 되어 출발 시간을 15분 늦추었습니다. 비에드마 호수(Lago Viedma)를 좌측에

| 조식으로 나온 크로와상

두고 루타(Ruta) 지방도 23번을 따라 차는 열심히 달리고 있습니다. 2시간 가까이 졸았는데도 한 시간을 더 가야 합니다.

만년설을 두른 높은 산들의 정상은 멀리서 구름 속에 감추어져 모습을 드러내지 않고 있지만, 도로 끝에 어렴풋이 산들의 무리가 보입니다. 피츠 로이도 이들 중 하나일 것이라 생각해 봅니다. 호수가 끝나니 우측으로 라스 부엘타스 강(Las Vueltas river)이 보입니다. 마을이 보이는 걸로 보아 엘 찰텐에 가까워졌나 봅니다. 방문자 센터에서 지도를 얻어 살펴보니 코스별로 소요 시간이 상세히 나와 있습니다.

당초 일정은 카프리 호수(Laguna Capri)까지 왕복 3시간 내외가 소요되는 트레킹을 예상하였으나 산을 좋아하시는 분들과 멀리 갈 수 없어 근처만 보고 오려는 분들 사이에서 얼마의 시간이 필요한지에 대하여 의견이 엇갈렸습니다. 나는 여기까지 왔으니 가능한 많은 시간을 갖고 피츠 로이 가까이에 가보고 싶은 쪽입니다. 인솔자가 4시 반까지 오도록 정하여, 각자의 능력에 맞추어 출발했습니다.

| 피츠로이 마을 입구

피츠 로이를 가장 잘 볼 수 있는 데 로스 트레스 호수(Laguna de los Tres)까지 가는 것을 목표로 삼았습니다. 이동 거리는 10Km이고 소요시간은 편도 4시간이며 왕복하는 데에는, 통상 7내지 8시간이 걸립니다. 이러한 정보를 알고 목표 지점으로 출발했습니다. 몸의 상태에 따라 가 볼 수 있는 곳까지 가되, 시간에 맞추어 돌아오면 됩니다. 가는 길은 약간 경사가 있을 뿐 험한 길이라고 할 수 없습니다. 전망대까지는 완만한 경사로입니다. 숲이 우거지고 멀리서 만년설이 어서 오라 손짓하는 듯해서 큰 어려움 없이 산길을 걸었습니다.

서둘러 걸어보되, 힘들면 쉬어서 풍경도 감상하고, 싸온 김밥을 먹으면서 가다 보니 시간당 3Km 정도를 걸어왔습니다. 사이사이 피츠 로이를 바라보지만, 구름에 가려 모습은 제대로 드러나지 않습니다. '조금 더 가면 구름이 걷히겠지'라는 생각으로 쉴 때마다 모습을 담아 보려고 수시로 카메라를 들이댔습니다.

목표 지점 1km 앞까지 가는데 3시간이 걸려서 1km만 남았지만, 지도를 보니 등고선이 촘촘한 가파른 자갈길이라 사람들 사이에서 '마

| 소중하게 담아보는 자연

(魔)의 구간'이라고 불리웁니다. 올라가는 데 1시간이 걸리고 돌아오는 데 3시간을 잡더라도, 만나기로 한 때까지 1시간정도가 늦어질 것 같아 아쉬움을 남기고 돌아와야만 했습니다. '이렇게 구름 낀 날에는 그곳에 가더라도 정작 제 모습을 보기는 어려울 것'이라고 스스로를 달래면서 하산했습니다.

언제 다시 올 수 있을까요? 서운함을 안고 내려오는 길에 서서 피츠로이의 모습을 틈나는 대로 사진에 담아 보지만 영물이어서인지 자태를 잘 드러내지 않습니다. 날씨 때문에 피츠 로이를 선명하게 볼 확률은 삼분의 일이라던데, 두 번은 더 와야 제대로 볼 수 있겠습니다. 맑은 날 일출 시간에 찍었다는 피츠 로이는 붉은 해를 받아 황금빛을 발하던데, 그 강렬한 모습을 보지 못하고 돌아서려니 발걸음이 잘 떨어지지 않습니다.

약속 시간에 맞추려고 서둘러 왔더니, 예정보다 15분 이른 시각에 도착했습니다. 산행에 익숙한 두 분은 그새 목표지점까지 다녀왔다고 하니 놀라울 뿐입니다. 통상 걸리는 시간보다 2시간 이상을 단축했고, 더군다나 한 분은 연세도 나보다 3살이나 위인데 대단한 시니어들입니다.

돌아오는 길에 기념품을 파는 휴게소에 들렀습니다. 가게 앞에 긴 나무막대기를 꽂아 두고, 세로의 나무 조각에는 이곳부터 세계 각국의 주요 도시까지의 거리가 표시되어 있습니다. 여기서 서울까지는 17,931km로 동경 다음에 두 번째로 먼 도시입니다. 거의 지구의 반대 편 쪽에 가까운 곳입니다. 14개의 도시가 표식되어 있는데 그 중에 하나가 서울입니다. 대한민국의 위상이 높아진 것일까요? 아니면 이곳을 찾는 한국관광객에 대한 배려일까요? 숙소로 귀가하는 중에 들른 휴게소에서 예상치 못한 사건이 생겼습니다. 부인 한 분이 기념으로 남편의 모자를 사고서 값을 지불하였는데, 착오로 한국 돈으로 생각하고 과다하게 지불했습니다. 종업원이 제대로 받았다고 주장하면서, 돈을 돌려주지 않자 실랑이가 벌어졌습니다. 폐쇄회로 화면까지 열어 보았는데도, 원하는 해결책은 찾지 못하고 바가지만 썼습니다.

더 이상 지체하면 안 되니, 포기하고 오다가 물이 필요한 분이 있어 마트 앞에서 차가 한 번 더 정차했습니다. 유사한 사건이 발생하였습니다. 물을 사고 거스름돈을 돌려 받아야하는데 거스름돈을 안 주는 것이었습니다. 유사한 일이 하루에 두 번이나 발생한 셈입니다. 이곳 사람 중 어떤 사람들은 '부자들의 돈을 부자가 아닌 내가 좀 챙기더라도 크게 나쁜 일은 아니다'라고 생각하며, 정당하지 못하게 돈을 챙기려는 사람들을 만날 수 있으니 주의하라고 했던 여행 안내책에서의 말이 생각났습니다. 우리는 여행자이고 부자이니, 그들이 그렇게 생각한다면 우리가 조금 더 주의를 기울여야합니다. 더 어렵게 사는 나라인 멕시코나 페루에서는 상인들의 계산이 서툴러 돈을 더 내주는 일도 있었던 것이 생각납니다.

| 피츠로이 휴게소에서 세계 주요 도시까지의 거리

서른두번째 날

6. 4 비글 해협

엘 깔라파테 - 우수아이아

남미를 여행하면서 '힘이 정의다'라는 말과 '이슈를 선점'하는 일의 중요성에 대하여 자주 생각하게 됩니다. 힘 있는 자는 자기의 모든 행위를 정당화합니다. 오랜 전에 이미 살고 있었던 사람들의 땅을 침탈하여 점령하면서, 새로운 땅을 발견했다고 떠들어댑니다. 원주민을 살육하는 것은 필요 없는 존재를 청소하는 일이라고도 말합니다. 토착민들이 예로부터 믿어온 것들을 무지에서 오는 미신이라며 신전부터 마구 파괴해 버렸습니다.

정복자의 후손들은 살기 좋은 곳에서 풍요로운 생활을 하고, 점령당한 자들은 죽임을 많이도 당했고, 살아남은 자들마저도 열악한 환경에서 어렵게 살아가는 현실을 접하게 됩니다. 볼리비아나 페루에 사는 사람들은 삶도 고단하고 사는 땅도 척박한 데 반하여 아르헨티나는 살기도 좋고 사는 것도 여유롭습니다. 과거의 역사이니 덮어두고 가야할까요? 이방인의 주제넘은 문제 제기일까요?

이슈를 선정하는 것도 중요한 일로 보입니다. 아르헨티나 사람들은 자기 나라의 최고 자랑거리를 다섯가지 꼽고 있습니다. 그 중에 하나가 파타고니아(Patagonia) 지역의 자연을 들고 있습니다. 파타고니아는 우리가 지난 닷새 동안 여행한 곳을 아우르는 말입니다.

'파타고니아'는 16세기에 마젤란이 이 지역을 탐험할 때 만난 원주민을 지칭하는 파타곤(Patagon)에서 유래하였습니다. 파타곤은 '커다란 발'이라는 뜻이고, 당시 스페인 사람들의 평균 신장이 155cm였으나, 파타곤이라 불린 원주민들은 180cm이었기에 그들의 발자국을 보고 붙인 이름입니다.

파타고니아 지역을 지도에 정확하게 표시하기는 어렵습니다. 왜냐하면 특정 장소가 아니라 아르헨티나와 칠레 남부지역을 통틀어 부르는 이름이기 때문입니다. 면적도 사전에 따라 차이가 있습니다. 적게는 673천km^2에서 많게는 1,061천km^2까지 차이가 있습니다. 아래쪽 끝은 남아메리카의 끄트머리까지로 이견이 없지만, 위쪽 끝은 위도 38도 이남에서 40도 이남까지 학자마다 달리 정하고 있습니다. 아르헨티나는 파타고니아 지역을 자기들의 자랑거리로 삼았기 때문에 칠레는 선수를 빼앗긴 셈입니다. 자세히 들여다보면 속내를 알 수 있지만, 세밀히 살펴보지 않으면 파타고니아 지역에 칠레가 포함되어 있는 것을 지나칠 수 있습니다.

오늘은 남미 대륙의 끝인 우수아이아(Ushuaia)로 이동하여 비글 해협을 관광하기로 했습니다. 2800km의 여정이니 비행기를 이용합니다. 아침 8시 55분 비행기를 타려면 서둘러야 합니다. 택시로 이동하면서 보니 알깔라파테는 큰 호수를 끼고 있는 도시이고 안데스 산맥의 산들도 자리잡고 있어, 동양의 풍수학적으로 보면 배산임수형의 마을로 아름다운 거주지입니다. 호수에 물안개가 피어오르고, 햇빛이 비치니 무지개가 뜹니다. 마을에 무지개까지 걸쳐 있으니 딴 세상인 것처럼 보입니다. 선계처럼 보이는 풍광을 뒤로하고 남미의 끝인 우수아이아에 가는 비행기에 올랐습니다. 짧은 비행 후에 안데스 산맥이 힘을 다하여 꼬리를 내리고 잠수하는 남미 대륙의 끝자락에 왔습니다.

우수아이아는 남극을 제외한 최남단 도시이고 남극에서 가장 가까운 도시로서, 아르헨티나 해군의 전략적 요충지이며 남극을 오가는 배들이 정박하는 항구입니다. 찰스 다윈이 비글호를 타고 통과한 비글 해협과도 맞닿아 있는 곳이지요. 언덕에서 바라보는 산과 바다가 참으로 멋지게 어우러져 있습니다.

| 두 명당 한 마리씩 주문한 킹크랩

간단히 짐을 풀고 식후경을 위하여, 이 지역의 대표 음식인 킹크랩을

먹으러 갔습니다. 대왕 킹크랩을 두 명당 한마리를 주문했는데 배부르게 먹고 4만 원씩 지불했으니 한국에 비하면 무척 값싸게 먹은 편입니다. 지구 반대편 멀리까지 왔으니 이곳에서 누릴 수 있는 것은 맘껏 즐겨야겠지요. 여행은 먹고, 마시고, 멋진 풍광을 가슴 가득 담아가는 일 아닐까요? 100년이 넘는 전통을 자랑하는 찻집에 가서 커피와 후식을 먹고, 비글 해협으로 가는 배 시간에 맞추어 선착장에 왔습니다. 이민 2세로 보이는 한국인 청년이 직원으로 일하면서, 우리 일행을 친절하게 안내해 주었습니다. 유람선은 남미 대륙의 끝에서 물새들과 황제 가마우지와 바다사자들이 주인 노릇을 하고 있는 섬과 남단 끝의 등대가 있는 섬을 돌아 원주민들이 한때 살았다는 브릿지 섬을 마지막으로 우수아이아로 돌아왔습니다.

저녁도 구글링을 해보니 카우페(Kaupe)라는 식당이 인근에 있습니다. 40년이 넘는 전통 맛집으로, 현지에서 잡은 생선과 해산물로 만든 절묘한 진미를 손님에게 선사하겠다고 호언하는 곳입니다. 식당 분위기가 깔끔하고 웨이터들 또한 단정한 복장으로 반겨주어 격이 높고 요리도 한가락 할 것 같은 분위기를 풍깁니다. 위치도 도시의 언덕배기 꼭대기에 자리 잡고 있어 우수아이아의 전경은 물론이고 이글 해협까지도 한눈에 다 들어 옵니다. 무엇을 먹어야 잘 먹었다고 할지 몰라서 일단 주방장을 불렀습니다. 그는 바다가 가까우니 해산물을 드시라고 추천해줍니다.

점심에 게를 먹었지만, 이곳 특산물이며 고급 식당은 어떻게 조리하는지도 보고, 먹을 수 있을 때 물리도록 먹고 싶어 주문한 요리는 Centrollon Kaupe입니다. 게의 한 종류인 거미게에 식당이름을 합

| 거미게 요리

친 것입니다. 크림, 토마토, 머스타드와 고추를 베이스로 한 소스로 게를 조리한 음식입니다. 주황색의 진한 국물에 게의 속살을 발라 넣은 요리인데, 한 입 맛볼 때마다 맛있다는 감탄사가 절로 나옵니다. 처음 먹어본 맛이지만 게가 이런 맛을 낸다는 것이 놀랍기만 합니다. 내일도 회원을 모집해서 풀코스를 맛보기로 하고, 아쉬움을 남긴 채 귀가하였습니다. 이날은 '게 먹는 날'이었습니다.

서른세번째 날

6. 5 티에라 델 푸에고 트레킹

티에라 델 푸에고(Tierra del Fuego) 국립공원 트래킹

자유일정을 어떻게 할 것인가를 정할 때 고려할 요인이 적지 않지만 특히 중요한 것 두 가지는 '누구'와 '무엇'을 할 것인가입니다. 여행도 인생도 길을 간다는 점에서 같고, '누구와 같이 갈 것인가'가 인생과 여행의 즐거움을 결정합니다. 여행에서 가장 좋은 짝패는 부부라고 합니다. 부부라고 하더라도 여행의 좋은 짝패가 되려면, 둘 사이의 관계가 좋은 것은 기본이고, 여행의 취향, 좋아하는 음식, 더하여 체력까지도 어느 정도 균형이 맞아야 합니다. 남편은 자연 경치를 좋아하는데, 부인은 도시 관광을 좋아한다면 같이 짝패가 되어 여행하기가 쉽지 않을 것입니다.

옷깃만 스쳐도 인연이라는 말이 있듯이, 한 달 보름 가까이 같은 길을 가고 때로는 숙식도 함께하는 것은 대단한 인연입니다. 벌써 한

달 넘게 더불어 여행을 하다보니, '누구는 어떻다'는 성격도 어느정도 파악되고, 취향을 짐작할 수 있어 자유 일정 때 무엇을 누구와 할 것인가가 어렵지 않게 조율이 됩니다. 일정 전 날 정보를 주고 받으면서, 사람을 모으고 행선지를 정하면 큰 어려움 없이 자유 일정을 소화할 수 있습니다. 남미 대륙의 땅끝에 와서 오늘의 자유 일정을 어떻게 보내는 것이 가장 유용할까 고민하면서 대화를 나눈 끝에, 시내투어는 내일 오전에도 가능할 것 같습니다. 당일엔 땅끝 도시의 자연경관을 보는 것으로 몇 사람의 의견을 모아, 우수아이아 시내에서 10여km 떨어진 티에라 델 푸에고 국립공원을 트레킹하기로 했습니다.

| 국립공원의 푸른 하늘

공원의 이름은 '불의 땅'이라는 뜻이며, 이곳을 항해하던 사람들이 '이 땅에서 불을 피우는 원주민을 보고 이름지었다'고 전해집니다. 공원은 남쪽으로 비글해협을 마주하고 있으며, 서쪽으로 칠레와 국경을 접하고 있습니다. 공원에 가면서 받은 인상은 목적지까지 태워 주는 버스회사와 공원 관리 사무소와의 협조가 유기적이지 않습니

다. 여행자의 입장에서는 공원으로 가는 버스를 예약한 경우 입장료까지를 포함하여 비용을 지불하면 한꺼번에 일을 처리할 수 있으련만, 이곳에서는 공원입구에서 승객이 하차하도록 합니다. 그런 다음 공원 입장표를 일일이 사야하니, 기다리면서 버려지는 시간이 적지 않습니다. 여행자에게도 '시간은 돈'입니다. '관광 자원은 풍부하지만, 엮는 솜씨는 미흡한 나라'라는 느낌이 들었습니다.

버스에서 내린 곳은 트레킹의 시작점이자 아르헨티나의 최남단 끝도시에 있는 땅끝 우체국입니다. 이렇게 후미진 곳에 우체국이 있을 필요가 있는지 의아합니다. 그러나, 땅끝에서 소식을 전한다는 상징성 때문인지 편지나 엽서를 부치는 사람들이 있는 모양입니다. 세상 끝에 와서도 '당신을 기억하고 사랑한다'는 소식을 전하고 싶은 이들이 있을 것입니다. 아쉽게도 토요일이어서 문 닫은 우체국을 볼 수밖에 없었습니다. 대륙의 끝이라는 의미로, 많은 사람들이 노란 우체통을 붙잡고 인증사진을 찍습니다. 이제부터 바닷가를 끼고 8km정도 걸어가면 트레킹의 종착지에 도착합니다. 지도를 보니 4시간정도 걸리는 것으로 표시되어 있습니다. 숲길은 원시림처럼 거목들이 고목이 되어 도처에 널브러져 있습니다. 흙 위에는 켜켜이 쌓여있는 나뭇잎들이 말라서, 흙과 한 몸으로 다져지지 않아 쌔게 굴러보면 약간은 물컹물컹한 느낌을 주는 땅입니다. 늦은 봄 또는 이른 여름 같은 날씨라 좌측으로 보이는 산들도 온통 초록빛입니다. 멀리서 보이는 산들은 만년설을 두르고 있거나, 녹지 않고 남아있는 잔설들을 산머리와 산허리에 이거나 두르고 있습니다.

눈에 들어오는 풍광들은 그지없이 한가롭고 고즈넉하여 길을 걷기만

| 우체국 앞에서 찍은 사진

해도 머리가 맑아지고, 해묵은 더께들이 씻기는 기분입니다. 꽉 짜인 여정 가운데 오랜만에 여유롭게 보내는 시간. 쓸데없는 말들을 섞기보다는 묵언의 미덕을 가르쳐주는 길입니다. 만(灣)의 경치에 취하고, 산의 모습에 경탄하며 걷다보니 지루한 줄도 모르고 지나왔습니다. 사이사이 과일과 간식도 먹고, 경치 좋은 곳에서 시나브로 쉬면서 오다 보니 당초 네 시간이면 충분히 도착될 곳을 다섯 시간 가까이 걸려서 목적지에 왔습니다.

점심을 먹고 나니 벌써 3시간 반이 넘어갑니다. 햇볕을 쪼이면서 식당의 창밖으로 보이는 풍경을 감상해봅니다. 숱하게 다녀본 우리나라의 많은 섬들도 아름다움은 절대 부족하지 않는데 저 새하얀 만년설은 정말로 부러웠습니다.

세계지도를 자세히 보면 우수아이아가 남미대륙의 끝이라는 것에 다른 생각이 들 수 있습니다. 왜냐하면 자세히 보면 비글 해협을 사이

| 멀리 보이는 만년설을 두르고 있는 산

에 두고 더 남쪽으로 칠레의 땅이 있으니, 남쪽 끝이라 할 수 없는 것입니다. 자기들끼리 암묵적으로 합의를 했는지 모르지만, 우수아이아는 인구가 5만 명이 넘기 때문에 남미의 땅끝 도시이고, 칠레의 푸에르토 윌리엄스(Puerto Williams)는 인구가 이천 명 정도이니 땅끝 마을이라고 합니다. 한 곳은 대륙에 붙어있고 규모가 크니 땅끝 도시이고, 다른 곳은 섬에 있고 규모가 작으니 땅끝 마을이라고 한다면 나름 이해가 되기도 합니다.

트레킹을 마치고, 회원을 모집하여 어제 제대로 누리지 못한 풀코스 만찬을 즐기기 위하여 지난 밤에 식사 한 곳을 다시 찾아 갔습니다. 한국에 있는 식당에서 이런 식사를 즐긴다면 적어도 2배 이상의 값을 지불해야 할 것이며, 이런 맛도 느끼기 어려울 것입니다.
오늘의 메뉴는 '바다 맛보기'입니다. 바닷가재, 조갯살 캐비지, 은대구 요리, 아이스크림과 샴페인, 에스프레소와 스파클링, 화이트 와인이 오늘의 코스입니다. 특히 대구 요리의 맛은 평생 처음 맛보는 것

| 바다맛보기 요리 중 조갯살 캐비지

입니다. 찜처럼 보이는데 국물은 바닥에 깔리고 어떤 가미를 했는지 말로 다 형용할 수 없습니다. 한 입 넣을 때마다 줄어드는 양이 마냥 아쉽습니다. 남미의 땅 끝에 있는 우아한 분위기의 식당에서 우수아이아 만과 비글 해협을 바라보면서 일품요리를 맛보는 행복감은 여행의 즐거움을 배가 시켜줍니다. '매우 만족'이라고 표현할 수밖에 없습니다. 어제 밤에 앉았던 자리와 가게 앞의 모습을 사진으로 담아 봅니다. 여행의 끝이 가까워지니 더욱 아쉬운 밤입니다.

서른네번째 날

6. 6 우수아이아

우수아이아 – 부에노스 아이레스

잘된 여행설계란 어떠해야 할지 생각해 봅니다. '이거다'라고 단정해서 말하기는 쉽지 않을 것입니다. 마음이 맞는 동반자, 여행자의 기호와 취향이 적절히 반영된 경로, 경로를 거치면서 쓰여지는 시간의 안배, 여행자의 체력을 고려한 원활한 일정, 편안한 잠자리와 맛있는 식사 등 여러 요소가 한데 어우러져야 합니다. 나에게 맞는 여행설계가 다른 이에게도 적합하다고 할 수 없습니다. 그러나 공통적으로 느낄 수 있는 불만이 있다면 공간을 이동하면서 아무런 쓰임새도 없이 길바닥에 버려지는 시간일 것입니다.

자투리 시간도 유용하게 활용하는 것은 여행자의 몫입니다. 부에노스 아이레스(Buenos Aires)로 가는 비행기 출발 시간이 오후 3시이고 오전은 자유 시간이어서 시내 전체를 조망해 볼 수 있는 우수아이아의 뒷산에 올라갔습니다. 비글 해협의 바다가 보이고, 칠레의 높은 산에 쌓여 있는 만년설, 대부분의 아름다운 항구 도시가 그러하듯이 경사를 따라 층이 나게 지어진 나지막하나 알록달록한 색깔의 건축물들, 볼수록 아름다운 우수아이아가 한 눈에 들어옵니다.

전망 좋은 곳을 오르다 보니, 정상까지 가고 싶어 산에 오르는 사람에게 소요 시간을 물었습니다. 마르티알 산맥(Martial Mountains)에 자리 잡은 산으로 5km를 더 가면, 빙하와 만년설을 볼 수 있다고 합니다. 시간만 된다면 욕심이 나지만 이미 한가한 산길과 외딴 마을 길을 걸으며 충분한 시간을 보냈으니, 약속된 시간에 맞추려면 내려가야 합니다. 올라갈 때 만났던 개가 하산할 때도 자기가 길을 안내할 요량인지 꼬리치며 앞장서 걸어갑니다. 내려올 때에는 다른 길을 걷고 싶어 이리저리 헤매다가 사유지에 들어온 것 같습니다. 말똥이 온 땅에 널려져 있어 조금만 해찰하면 말똥지뢰를 밟게 될까봐 조심조심 살피면서 내려왔습니다. 1000여 평이 넘어 보이는 곳에 고작 말 두 마리만 보이니, 땅이 넓은 건지 말이 적은 건지 모르겠습니다.

| 새끼를 지키는 어미새

사유지 안에 집을 지은 새들이 새끼들이 노출될까 싶어 가까이를 선회하면서 시끄럽게 울어댑니다. 사유지 침범에다가 새의 둥지가 있는 구역에까지 넘어왔으니, 잘못이 적지 않습니다.

앞서 걸었던 내외분들은 어디로 갔는지 보이지 않습니다. 큰 길을 따라 걷다보니 범죄자들을 가두기 위하여 만들어진 감옥을 용도 변경하여 박물관으로 만들었다는 마르티오 박물관에 다다랐습니다. 19세기 말 아르헨티나에서 가장 악명 높은 범죄자와 정치범을 격리하기 위해 만든 감옥입니다. 우리나라의 홍도나 흑산도 같은 변방의 유배지인 셈입니다. 1995년에 박물관으로 개조하여 관광 자원으로 활용하고 있습니다. 이곳에 있는 '역사와 테마 갤러리'라는 건물의 앞면과 옆면에는 탈출하려는 죄수와 지붕에서 총을 겨누는 간수, 창문으로 뛰어내리려는 죄수와 이를 주시하며 이 광경을 손가락질하는 간수들의 모습을 벽에 그려놓은 것도 보입니다.

공항으로 출발해야 할 시간도 가까워지고, 점심때도 되었으니 식사를 해야 합니다. 이미 12시가 넘었는데도 이른 시간이라고 문을 열지 않은 곳이 많은데, 다행히 걸음을 멈춘 곳에서 멀지 않은 곳에 중국식당이 있습니다. 우리 일행 중 몇 분들이 먼저 와서 요리를 기다리고, 다른 한국인 관광객들의 모습도 보입니다. 코로나로 여행가기를 머뭇거렸던 분들이 용기를 내어 우리처럼 여행에 나섰나 봅니다. 작은 도시이니 갈 곳은 뻔하고, 자주 마주치게 됩니다.

비행장에 갈 시간입니다. 우수아이아가 있는 곳의 상위 행정구역은 어제 트레킹 했던 티에라델푸에고이고, 여기도 비극의 역사에서 벗어날 수 없었던 현장입니다. 웹 사전인 나무위키에는 "1860년에 아르헨티나와 칠레가 이 지역을 진출하던 당시 이곳에는 셀크남족과 야간족 등이 살고 있었는데 유럽인들이 '조직적'으로 학살해 원주민은 수가 많이 줄거나 절멸했다"고 기록되어 있습니다. 인간 같지 않은 존재들과 공존이 불가능하다고 믿었던 것일까요? 아니면 후환을 없애기 위하여 씨를 말려버린 것일까요?

슬픈 역사를 간직하고 있는 곳이지만, '끝'이라는 말이 주는 의미와 어감으로 사람을 끌어당기는 도시입니다. "세상의 끝(Fin Del Mundo)인 우수아이아는 여러분을 환영합니다."라는 슬로건으로, 끝이니 더 이상 주저하지 말고 맘껏 지르라는 것일까요? 즐길 수 있는 동안에 끝까지 즐기라는 것일까요? 끝이 있으니, 잘 살아가라는 말일까요?

끝은 시작을 전제로 하는 것이니 어찌 보면 너무 우울해 할 필요는 없습니다. 끝을 보았으니 돌아서면 다시 시작점이고 끝과 시작은 하나일 수 있습니다. 출발을 앞두고 갑자기 궁금해졌습니다.

우리는 살려고 아등바등하는 데 반하여, 이곳 사람들은 즐기려고 사는 사람처럼 보이는 건 왜일까요?

작은 도시에서도 음악과 춤을 배우고 즐기는 모습이 자주 보여서 드는 생각일까요? 식당 같은 곳에서도 신속히 일을 처리하지 못하니 답답해 보이지만, 그들은 여유롭게 일하고 그것이 그들의 살아가는 모습입니다. 개인 소득으로 우리나라의 삼분의 일 수준인 나라가 여유로워 보이고 즐겁게 살 수 있는 것의 배경에는 무엇이 있을까요? 바쁘지도 않고 효율적으로 보이지도 않기 때문에 삶의 무게가 상대적으로 가벼운 것일까요? 우리가 너무 진지하고 무겁게 사는 것은 아닐까요? 즐길 줄도 모르는 것일까요? 사는 것은 선택의 연속이니 늘 즐거움을 선택하면 즐겁게 살 수 있을 터인데 하는 아쉬움이 듭니다.

부에노스아이레스에 도착했는데 장맛비 오듯이 비가 내립니다. 호텔이 시내 중심가에 있어 창문을 열고 보니, 광화문 앞 대로보다 넓습

니다. 많은 차들로 시끄러울 수 있으나, 방음도 잘 되고 시설도 좋아 편안한 곳에서 이틀을 보낼 수 있다는 생각에 마음이 느긋해집니다.

서른다섯번째 날

6. 7 부에노스 아이레스 1

시내구경

오늘은 부에노스아이레스 시내를 둘러보는 날입니다. 시티투어가 재미있는 활동이 되려면 스토리가 덧붙여져야 합니다. 정치, 경제, 사회, 문화, 예술, 역사 등을 적절히 섞어서 현장의 실재 공간에 덧입히면 건물은 살아 움직이고, 공원같은 자연도 말을 걸어옵니다. 배경지식이 부족한 시티투어처럼 따분하고 재미없는 것은 없습니다.

다행히 오늘은 이민 34년 경력으로 아르헨티나 현지 사정에 해박한 한국 이민자가 투어를 돕고 있습니다. 현지 가이드가 아르헨티나의 강점에 대하여 세세히 설명하고 있습니다. 복지 제도 중 교육과 의료 분야에서 무상 복지 혜택이 세계 최고의 수준이며, 아르헨티나의 자랑 중 하나인 팜파스의 풍요로운 농산물, 지하자원 등 풍부한 자원이 복지 재원의 기초가 되고 있습니다. 자원이 부족한 한국과는 다르고, 복지의 지속 가능성에 대하여도 긍정적으로 단언합니다. 한국은 복지 증대에 따른 재정 부담이 기업의 수출 등 국제경쟁력에 의존하고 있으므로, 복지 확대에 따른 위험이 더 크다고 보는 것 같습니다. 자원이 풍부한 나라의 경우도 자원의 덫에 걸려 어려움을 겪고 있는 나라도 적지 않기 때문에 어느 경우가 맞게 될지는 시간을 두고 보아야 합니다. 아르헨티나의 경우 국가경제에 필요한 많은 것들을 자체에서 공급하기 때문에 외부적인 충격의 영향은 우리나라와 비교하면 상대적으로 안정적인 나라입니다. 한국에 있을 때에는 툭하면 외채를 불이행하는 경제적으로 취약한 나라라고 생각했습니다. '돈을 안 갚아도 신용도가 낮아져서 그렇지 독자 생존이 가능하기 때문에 큰 어려움 없이 살아갈 수 있을까'라는 생각도 들었지만, 혹독한 세계 경제의 구조를 생각하면 이내 고개를 흔들고 말았습니다.

나라의 인재를 배출한 부에노스아이레스 법대를 시작으로 도시의 상징인 조각 작품 프로라리스 헤레니카(Floralis Generica)를 보았습니다. 꽃잎을 알루미늄으로 만든 것으로, 예술적 가치는 어떨지 모르겠지만, 아름답다는 느낌은 없습니다.

| 도시의 상징 조형물

유엔공원을 지나 세계 삼대 공원 중 하나라고 자랑하는 팔레르모(Palermo) 공원에 왔습니다. 호수에는 먹을 것에 길들여진 오리 무리들이 사람이 나타나자 줄지어 다가옵니다. 준비해 간 간식이 없어 오리들에게는 미안한 마음이 듭니다. 심어진 나무들 중에 이 나라 국화이면서 국목(國木)인 닭벼슬 나무의 꽃이 만개하여 낙화한 모습을 사진에 담아보니, 닭 벼슬 모양을 똑 닮았습니다. 봄철에 우리나라에서는 벚꽃이 피어 봄의 정취를 더하듯이, 아르헨티나의 봄철인 11월에는 남미의 벚꽃이라고 할 수 있는 보랏빛의 하카란다가 공원이나 길가의 가로수로도 아름답게 피어나 봄의 풍경을 더욱 예쁘게 꾸며줍니다.

| 국목인 닭벼슬 나무와 떨어진 꽃잎

'숨다' 또는 '은둔하다'는 뜻을 가진 레꼴레타 공동묘지(Cementerio de la Recoleta)에 왔습니다. 이곳 사람들은 죽음을 무(無)로 사라져 버리는 것이 아니라, 잠시 몸을 감추거나 깊숙한 곳에 몸을 두는 것으로 생각하고 있는 듯싶습니다. 입구에는 수령이 오래된 고무나무가 가지를 사방팔방으로 뻗어 무게를 견딜 수 없는지, 철제 받침목을 만

들어 가지를 받쳐놓았습니다. 다른 한 곳에는 사람 조각상이 이를 지 탱하고 있어 고단한 인생 살이를 보여주는 것 같습니다.

레꼴레타 공동묘지는 세계에서 가장 호화로운 묘지로 입소문이 나서, 많은 관광객을 끌어들이고 있습니다. '묘지가 죽은 자를 묻는 곳'이라고만 생각하면 오산입니다. 무덤을 집과 같이 만들어 놓았습니다. 죽은 자의 신분이나 재력에 따라 출입문은 물론이고, 창문, 침대, 의자까지를 고급스럽게 만들어, 실제로 사용하고 있는 것처럼 보입니다. 공동묘지이지만 유럽풍의 다양한 건축 양식과 조각들도 볼 수 있는 곳으로 명문 귀족 가문들만 제한적으로 묻힐 수 있습니다. 권문세가와 국가 발전에 기여한 사람들의 묘지가 있어, 약식으로나마 아르헨티나의 근현대사를 공부할 수 있는 좋은 기회였습니다.

묘지 탐방을 마치고, 세계에서 가장 아름다운 책방 중의 하나인 엘 아테네오(El Ateneo Grand Splendid) 서점에 들렀습니다. 오페라 극장을 개조하여 만든 서점입니다. 초대형 커튼이 쳐진 무대는 책을 보거나 카페 기능을 할 수 있는 공간으로 활용합니다. 관객석은 책이 배치되어 있고, 고객들이 이용하는 공간으로 만들어져 있습니다. 오페라가 공연되어 관람했던 장소가 책을 사러 오는 사람, 책방을 구경하러 오는 사람으로 바글바글 합니다.

점심은 한국식 갈비집인 유가네에 갔습니다. 맛있는 한국식 반찬과 다양하고 싱싱한 고기를 경제적인 가격에 배부르게 먹었습니다. 이곳도 K-컬처의 영향으로 현지인 손님도 많고 성업 중입니다. 점심 후에는 탱고의 발상지라 할 수 있는 라보카(La Boca)에 왔습니다. 이곳은 배에서 쓰던 양철 판과 페인트를 이용하여 빨갛거나 노랗게

양철 지붕 집을 짓고 방 한 칸에 아가씨 한 명씩을 두고, 뱃사람과 가난한 부두 노동자에게 몸을 팔았던 곳입니다. 가난하여 몸둘 곳 없는 연인들 간에 슬픈 사랑도 있었는데, 이러한 배경을 안고 탱고라는 춤이 만들어졌습니다. 보카는 입이라는 말로 항구를 뜻하기도 합니다. 보카 항구는 19세기에 아르헨티나의 수출품을 미국과 유럽으로 나르는 전진 기지였습니다. 이곳의 카미니토(Caminito)거리에는 선원의 모습, 탱고를 추는 모습, 여자와 아이들의 모습 등의 부조와 조각품들을 볼 수 있습니다. 탱고의 구슬픔을 표현하는 악기이자, 탱고 반주의 필수 악기인 반도네온의 연주자이자 탱고를 세계화한 일등 공신인 아스토르 피아졸라(Astro Piazolla)의 머리 조각상과 그의 업적을 설명하는 글도 보입니다. 항구에서는 누군가는 떠나고 남겨지는데, 지금처럼 항해 기술이 발달하기 전에는 항구에서의 기약없는 이별이 얼마나 가슴 저리고 슬픈 헤어짐이었을까요?

| 카미니토 거리의 부조와 조각품

오월의 광장에 있는 대통령궁, 대성당, 멀리 보이는 오벨리스크 등을 둘러보고 시내 투어는 끝났습니다.

| 저녁으로 먹은 스테이크

몸으로 추는 시, 광대뼈를 비비며 추는 춤인 탱고, 이곳 이름으로 '땅고'를 보는 일이 나머지 일정입니다. 탱고를 보기 위해 16만원 정도를 지불하고 예약한 곳에 도착했습니다. 관람료에 스테이크 400g과 와인이 포함된 가격입니다. 좀 더 싼 곳은 연주 시간이 짧습니다. 인솔자 말로는 극장의 안내자가 등급을 올려서 약 30만 원 정도를 지불해야 볼 수 있는 곳에서 관람하게 해주었답니다. 춤과 연주, 노래가 섞여 두 시간 넘게 진행됩니다. 탱고에 푹 빠져 시간 가는 줄도 몰랐습니다. 마지막 무대는 참여자가 모두 나와서 에바 페론의 일대기를 뮤지컬 영화로 만든 에비타의 주제가 Don't Cry for me Argentina를 부르면서 막을 내렸습니다. 절도와 비장감, 우수가 깃든 아름다움, 어느 해 송년회 때 신사동 바에서 본 탱고, 영화 '여인의 향기'에서 알파치노가 가브리엘 엔위가 역할을 맡은 도나와 추던 춤, 최백호 씨의 '낭만에 대하여' 등이 탱고와 함께 기억의 새끼줄에 걸린 듯 줄

줄이 떠오릅니다. 책에서는 "상체는 고요, 하체는 전쟁, 하나의 가슴과 네 개의 다리로 추는 춤, 아름다운 선율, 거부할 수 없는 유혹, 열정의 춤" 등 그 특징을 나열해 놨지요. 오늘밤은 아르헨티나 자랑거리 중 하나인 탱고의 열정에 풍덩 빠져버렸습니다.

| Don't Cry For Me Argentina

서른여섯번째 날

6. 8 부에노스 아이레스 2

부에노스 아이레스 - 이과수

오늘은 부에노스 아이레스를 자유롭게 둘러보고, 늦은 오후 시간에 이과수폭포가 있는 곳으로 이동할 예정입니다. '부에노스(Buenos)' 란 에스파냐어로 '좋은'이라는 뜻이며, '아이레스(Aires)'란 '공기' 라는 말입니다. 풀이해서 말하면, 부에노스아이레스란 좋은 공기라 는 뜻인데 '공기가 맑다'는 것인지. '분위기가 좋은 곳'이라는 뜻일지 궁금했습니다.

이과수행 비행기의 출발시간이 오후 4시이니, 오전에는 이곳의 맑은 공기를 마음껏 누려볼까 싶어, 어제 못 본 장미공원을 가보기로 했습 니다.우버 택시를 불러 어제 지나간 장미공원 가까운 곳에 있는 일본 공원에서 만나기로 하고 방짝과 나는 먼저 출발했고, 두 부부는 우리 보다 나중에 출발했습니다. 우리를 태워준 기사는 여성분인데 허벅 지가 어지간한 사람의 허리 두께입니다. 통역기를 통해서 무슨 운동을 하였기에 그렇게 건강한 허벅지를 만들 수 있느냐고 물어보니, 축구도 하고 소프트볼도 즐긴답니다. "인상도 좋고 건강하며 상냥한 당신 같은 사람을 만나서 오늘 하루가 기분 좋을 것 같다"고 하니 활짝 웃어 보입니다.

목적지에 도착해서 지갑을 열었는데 아르헨티나 화폐가 부족합니다. 우리 일행이 곧 도착할 때까지 기다려 달라고 말하면서, 방짝은 곧 도착할 일행을 찾아 내렸습니다. 이삼 분도 채 지나지 않았을 터인데, 얼마나 길다고 생각되었는지 모릅니다. 불만 없이 기다리고 있는 기사에 대한 미안함 때문일 것입니다. 잠시 후에 일행이 와서 차비에다 대기 비용을 약간 얹어주자 즐거워하며 떠났습니다. 내가 기사였다면 어떠했을까요? `이 친구 돈도 없이 어떻게 차를 타려고 했지?`라고 생각하면서 핀잔이나 짜증스런 마음이 들지는 않았을까요? 이들의 여유로움을 다시 한 번 느껴봅니다.

일본 정원은 일본 이주민들의 땀을 기리기 위해 일본 정부의 기부에 의하여 만들어진 정원으로, 이곳에 사는 일본인들에 의해서 운영되고 있습니다. 한켠에 일본의 다다미방도 있고, 다실도 만들고, 일본식 주전부리와 식사 파는 곳까지 만들어 일본 문화를 전파하고 있습니다. 볼거리가 있는 것은 아니지만, 지구의 대척점에 있는 나라의 국민들에게도, 자기 나라의 어떠함을 심어주려는 강국으로서 일본의 힘을 느껴볼 수 있습니다. 걸어서 10여분 거리에 장미 공원이 있었는데, 규모에 비해 장미꽃의 식재는 빈약합니다. 기억으로는 용인 자연농원(현재의 에버랜드)에서 보았던 장미꽃의 정원 규모보다도 작은 것 같습니다. 인구 천 오백만 명이 사는 메가 시티에 여기저기 녹색

| 일본 정원의 입구

공간을 잘 배치하고 있어, 하늘을 뚫을 듯한 건물들로 빽빽한 도시보다 훨씬 맘에 드는 곳입니다.

남미의 파리를 지향했고, 에스파냐와 프랑스의 영향을 많이 받아 남미 국가 중에 서유럽의 색채가 가장 많이 남아있는 부에노스아이레스가 좋아졌습니다. 시 자체의 인구는 삼백만 명 정도이고, 수도권의 인구를 합치면 천 오백만 명이 넘게 살고 있는 큰 도시인데, 교통 체계가 미흡하고, 산업 시설도 시내에 밀집하여 있어 대기 오염에 시달리고 있는 도시라는 말이 있지만, 맑은 공기만 누리고 갑니다.

프란치스코 교황이 부에노스아이레스의 교구장이었다는 것도 아르헨티나의 자랑거리입니다. 이곳 국민들이 생각하는 다섯 가지 자랑은 첫째가 탱고의 열정, 둘째가 파타고니아의 자연, 셋째가 팜파스의 풍요, 넷째가 이과수폭포, 다섯째가 교황 프란치스코입니다. 교황님

은 로마에 가서 보아야 하고, 세 가지 자랑은 경험해 보았으니, 남은 자랑 거리인 이과수 폭포를 보러 가야겠습니다. 짧은 방문이었지만, 호감을 갖게 된 부에노스아이레스와는 이만 작별해야 합니다.

숙소 앞의 넓은 도로는 아르헨티나가 에스파냐로부터 독립한 7월 9일을 기념하기 위하여 '7월 9일 대로'라 명명하고, 아르헨티나의 독립과 통일을 기념하기 위하여 만든 것입니다. 동쪽에서 서쪽으로 횡단하는 중심도로의 폭은 144m로 왕복 20차선의 대로이며 6개의 횡단보도가 있습니다. 도로 이쪽편에서 반대편 쪽으로 가려면 조금 빠른 걸음으로 걸어도 2분 이상 걸립니다. 광화문 광장이 생기기 전에 세종대로가 100m였다니 그 폭을 가늠해 볼 수 있습니다.

숙소에 돌아와 맡겨 놓은 짐을 찾으려고 짐 보관 확인서를 찾아보니 차를 타고 오가며 분실된 모양입니다. 수하물을 찾아주는 친구는 일 요령이 부족한지 하나를 찾는데 5분도 더 걸립니다. 우리 일행이 맡긴 짐을 찾는 데만도 날이 샐 지경입니다. 비행기 출발 시간은 가까워지는데 일 처리하는 것이 답답하기 짝이 없습니다. 하지만 이곳의 일 처리하는 방식이므로 대한민국 사람은 인내를 갖고 기다려야합니다. 헐레벌떡 짐을 찾아 가까스로 출발시간에 맞추어 공항에 왔습니다.

이과수에 도착하여 숙소에 짐을 풀고 나와 보니 어두운 밤이 되었습니다. 아르헨티나, 브라질과 파라과이 삼국의 국경이 보이는 곳에 와서 어렴풋이 나라간 경계를 확인하고 식사를 마치고 돌아왔습니다. 또 하루가 지나가고, 귀국할 날이 가까워져 갑니다.

서른일곱번째 날

6. 9 푸에르토 이과수

이과수폭포(아르헨티나) - 이과수(브라질)

여행에도 컨셉이 있어야 합니다. 브라질은 지구의 허파라 불리는 아마존 우림의 60%를 차지하고 있습니다. 브라질과 같이 밀림이 넓게 펼쳐져 있는 국가에 여행을 간다면, 정글에 가서 짧게라도 묵으면서 아마존에 살고 있는 야생 동물들의 모습을 먼발치에서라도 보고, 동물들의 울음소리도 듣고, 웅장한 원시림도 걸어보고, 이곳에서 나는 특산물로 식사하는 등의 정글 체험을 해보는 것이 여행의 구상이어야 합니다.

브라질에 여행을 오면서 리우데자네이루나 상파울루가 크고 멋진 곳이라고 하더라도 도시 구경을 주 대상으로 삼았다면 여행의 방향 설정이 적절하지 못한 것입니다. 부에노스아이레스가 남미의 파리로 자리매김을 하였더라도 파리를 보려면 유럽으로 여행을 가지, 남미의 파리는 어떻게 생겼을까 궁금해서 아르헨티나로 여행을 가는 사람은 거의 없을 것입니다.

특정 나라에서 주구장창 머무른다 하더라도, 그 나라다움이나 그 나라만의 어떠함을 누릴 수 있는 요소가 부족하다면 컨셉을 잘못 짠 여행입니다. 여행 일정이 짧으면 짧은 대로 핵심을 넣어야 좋은 여행이 될 수 있습니다. 현직에 있을 때 짧게나마 에스파냐를 방문한 적이 있었는데, 몇 년 후에 다른 이유로 에스파냐에 가게 되었습니다. 유구한 역사가 깃들어 있는 문화적 유적과 유물들을 다시 보더라도 대상물이 지닌 예술적 가치와 아름다움이 변하지 않았고, 보았던 기억의 시간도 흘렀으니 더 잘 볼 수 있다고 생각했습니다. 하지만 뇌는 한 번 본 것들을 나름 정리를 해놓고, 기존에 알고 있는 것들이 입력되면 특별한 동기가 있지 않으면, 새로움을 보려고 하기 보다는 식상함에 흥미를 느끼지 못하는 것 같습니다.

여행지를 임의대로 정할 수 있다면, 가능한 다녀온 곳은 피해야 한다는 것을 그때의 경험으로 깨닫게 되었습니다. 이과수(Iguazu) 폭포도 7년 전에 가 본 적이 있는 곳입니다. 여행지 선정을 임의대로 할 수 없으니, 뇌를 잘 설득하여 '처음 보았을 때의 신선함으로 만나야 한다'고 자기 암시를 해봅니다. 처음 보면서 느꼈던 위용과 웅장함으로 나도 모르게 탄성과 감탄사를 연발하며 느꼈던 감동이 다시 일어나야 멀리 이곳까지 온 보람이 있을 것입니다.

밀림 체험 같은 활동이 없으니, 이곳 여행의 백미는 이과수 폭포입니다. 이과수라는 말은 파라과이에서 스페인어와 공용어로 쓰는 과라니어로 큰(Gausa), 물(y)이라는 뜻입니다. 원래 파라과이 땅이었지

만 아르헨티나, 브라질, 우루과이와 벌인 3국 동맹 전쟁에서 패해 빼앗긴 땅입니다. 이과수 폭포는 아르헨티나와 브라질의 경계에 있으며, 너비가 2.7km이고 275개의 폭포가 있어, 수량과 폭으로는 세계에서 가장 거대한 폭포입니다. 숫자의 나열만으로 폭포의 위용을 짐작하기는 쉽지 않습니다. 이과수 폭포의 웅장함을 나름 헤아려 볼 수 있는 단초가 있다면 루즈벨트 미국 대통령의 부인인 엘레노어 여사가 폭포를 보고 던진 한 마디, 'My poor Niagara'라는 말입니다. 얼마나 장대하다고 느꼈으면 점잖은 영부인께서 나이아가라 폭포를 빈약하다고 표현했을까요? 이과수 폭포는 크기로도 세계적이지만, 영화 Mission의 배경으로도 잘 알려져 있습니다. 영화에서는 가브리엘 신부가 원주민을 앞에 두고 오보에를 부는 장면이 나옵니다. 사라 브라이트만이 아름다운 선율에 노랫말을 붙여, Nella Fantasia(환상 속에서)라는 명곡으로 탄생시켰습니다.

오늘은 폭포의 80%를 차지하고 있는 아르헨티나의 푸에르토 이과수

(Puerto Iguazu)에서, 내일은 브라질의 포수두 이구아수(Fozdo Ig-uazu)에서 폭포를 구경합니다. 폭포를 보러오는 사람들이 많기 때문에 인구가 30만 명이 넘는 브라질 쪽의 도시는 물론이고, 인구가 3만 명 남짓한 푸에르토 이과수에도 국제공항을 두어 관광객 유치에 경쟁을 벌이고 있습니다.

입구에서 20여 분 가량 걸어간 다음 트럭을 타고 폭포들 중 가장 높고 유명한 폭포인 악마의 목구멍(La Garganta del Diablo)을 보러가는 선착장에 도착하였습니다. 지난 번 가이드는 '모든 것을 삼켜 버리기 때문에 붙여진 이름이다'고 설명했고, 사전에는 12개의 폭포가 동시에 떨어져 매우 큰 굉음을 낸다하여 불리는 이름이라고 합니다. 이 폭포를 일분 동안 보면 근심이 사라지고, 십분 동안 보고 있으면 인생의 온갖 시름이 잊혀진다고 합니다. 하지만 30여분 동안 보면 영혼을 빼앗긴다고 하여 '악마의 목구멍'이라는 이름이 붙여졌다는 설도 있습니다.

나에게는 가이드의 설명이 보다 설득력있게 들립니다. 폭포를 가까이서 보기 위하여 보트를 타는 곳에 가서 구명조끼를 착용하고 핸드폰이나 여권 등은 젖지 않도록 만반의 준비를 하였습니다. 보트는 폭포의 낙하된 물이 최고의 격랑을 만들어 내는 악마의 목구멍을 향해 출발했습니다. 처음 얼마간은 강 폭이 좀 더 넓은 강을 거슬러 올라가는 것처럼 보입니다. 10여분을 지나니 서서히 폭포의 위용이 나타나기 시작했습니다.

악마의 목구멍 가까이에서는 물 떨어지는 굉음으로 옆사람이 무슨 말을 해도 들리지 않았습니다. 폭포에서 떨어지는 물로 승선한 사람은 모두가 옷이 다 젖었습니다. 가장 수량이 많이 떨어지는 곳을 보트는 서너 차례 배회하다가 물길을 따라 내려와 하선하였습니다. 흥분과 감동이 있었지만, 첫 번째 느꼈던 것만큼은 아니니, 이미 본 것에 대한 식상함이 내게도 작동한 모양입니다.

점심을 먹고, 트레일 코스를 따라 상단과 하단에서 폭포로 접근할 수 있는 길을 만보 이상 걸었습니다. 이과수 폭포수는 물론이고 폭포가 떨어져 흐르는 우루과이 강까지 어느 정도 맛을 본 것입니다.

밀림의 속살을 제대로 보지 못하고, 겉모습만 보고 간다는 것이 아쉽기는 하지만, 먼 거리를 이동하여 온 우리에게 시간이 많지 않으니 어쩔 수 없습니다. 부지런한 분들은 제한된 시간 내에서 이곳 저곳을 많이 볼 것이고, 몸이 고단한 분은 쉬어가면서 더 많이 느낀다면, 부지런히 다닌 사람보다도 더 많은 깨달음을 얻을 수도 있으니 어느 것이 좋은지는 각자의 몫입니다. 폭포를 접근하여 볼 수 있는 계단의 아래쪽까지 내려가 보니 상단에서보다 훨씬 가까이서 폭포의 실체를 볼 수 있었으나, 지난 번 큰 비로 일부 접근로가 차단되어 더 가까이에서의 구경은 못한 채 돌아섰습니다. 이제 우리는 여행의 마지막 국가인 브라질에 가면 오늘의 일정은 마무리됩니다.

Part
07.

브라질 | Brazil

포수 두 이구아수, 히우 지 자네이루,
상파울루

서른여덟번째 날

7. 1 포수 두 이구아수

이과수(브라질) - 새 공원 - 히우 지 자네이루

브라질 쪽에서 이과수 폭포의 전경을 보는 날입니다. 어제 아르헨티나의 푸에르토 이과수 공항에서 숙소까지 우리를 태워 주신 분은 한국에서 이민 온 분입니다. 젊은 날에 태권도 사범으로 이곳에 오셔서 정착하였습니다. 1953년생이니 우리 나이로 70세가 넘으셨지만, 일이 생기면 현역으로 뛰고 있습니다.

오늘도 이 분이 오셔서 우리가 머문 브라질 쪽의 숙소에서 이과수까지 태워다 줄 것입니다. 한국인 청년처럼 보이는 사람이 함께 와서 짐 싣는 일을 도와줍니다. 4개월째 세계 여행을 다니고 있는 한국 청년인데 아저씨 댁에서 민박을 하고 있습니다. 이과수 폭포를 안내하는데 젊은이의 도움이 필요하다 해서 구경삼아 동행했나 봅니다. 이곳 여행을 마치고 나면 다음 주에 귀국한다고 말합니다.

지금까지 4개월 동안 지출한 돈이 천만 원 조금 넘는다는 걸 보면, 알뜰하게 여행을 하고 있습니다. 젊은이는 시간을 쓰면서 돈을 절약하고, 경제적으로 여유가 있는 사람은 돈을 쓰면서 시간을 절약합니다. 여행이 너무 하고 싶어서, 하던 일을 그만두고 여행을 왔기 때문에 돌아가면 일자리를 찾는 것이 급선무라고 합니다. 일을 그만둘 정도로 현실이 팍팍했을까요? 아니면 여행에 대한 열망이 너무 강해서 일을 그만두고 떠나온 것일까요? 장기 여행을 하고 있는 한국 청년을 볼리비아의 우유니 사막과 이곳에서 두 명째 만났습니다.

일행 중 한 분이 '여행은 젊은 사람이 해야 한다'고 말하면서 젊은이에게 꿈을 찾았느냐고 물어봅니다. 일행 중 다른 한 분이 요사이 젊은이들이게는 그런 말 자체가 부담스러운 질문이라고 말하면서 젊은 사람이 굳이 답을 아니해도 되는 상황으로 마무리하였습니다. 귀국하면 마주하고 싶지 않아도 직면해야 하는 현실입니다. 어떠한 연유로 여행을 왔는지 모르지만 기대했던 것을 충분히 얻고 가기를 바랄 뿐입니다.

아르헨티나와 브라질 양국은 폭포 관람에 있어서 각 국의 지형특성을 살려 차별화를 꾀하고 있습니다. 아르헨티나에서는 보트를 타고 악마의 목구멍 바로 앞까지 접근할 수 있으며, 트레일을 강과 폭포 위로 만들어 강위로 건너가면서 폭포의 물줄기를 볼 수 있습니다. 트레일도 상단과 하단으로 만들어서, 위쪽에서는 폭포 쪽으로 흐르는 물과 폭포들을 내려 볼 수도 있고 아래쪽에서는 폭포를 올려 볼 수 있는데 낙하하는 수량이 어마어마합니다. 트레일 코스도 제법 길고, 밀림 사이사이로 트레일이 있어 밀림을 체험하는 기분도 조금은 맛볼 수 있습니다.

반면 브라질 쪽에서는 이과수 폭포를 바라보면, 파노라마 영화의 장면처럼 한 눈에 폭포를 볼 수 있는 장점이 있습니다. 트레일이 잘 정비되어 있지만 코스는 짧습니다. 멀리서 보더라도 그 위용이 느껴지면서 어제의 기시감 때문에 낮아진 감흥은 잘못된 감정이라고 일깨워줍니다. 찍어 놓은 사진을 자세히 보니, 20여명 넘게 타는 보트가 악마의 목구멍을 체험하러 가거나, 체험을 마치고 돌아오는 장면이 보입니다. 작은 푸른 점처럼 보이는 보트들과 폭포와의 크기를 비교해보면, 폭포의 웅장함을 한눈에 실감할 수 있습니다. 간간히 나뭇가지에 앉아 있는 독수리도 보이는데 폭포에서 물 떨어지는 굉음과 그 위용에 감탄하는 사람들의 탄성소리가 합쳐지면 어느 장마당도 이보다 시끄러울 수는 없을 것입니다.

트레일을 따라 폭포에 가까이 갈수록 폭포수의 작은 포말이 하늘로

| 브라질에서 바라본 악마의 목구멍

날아올라 다시 사람들 쪽으로 되돌아오면서, 옷과 신발이 물에 젖어 들기 시작합니다. 최고의 볼거리인 악마의 목구멍은 아르헨티나 땅이어서 넘어갈 수는 없지만, 더 가까이서 볼 수 있도록 강 위쪽으로 만들어 놓은 트레일에서 사진 찍는 사람과 좀더 접근해서 보려는 사람으로 북새통을 이뤄 저잣거리는 저리가라 할 정도입니다. 보트에서 떨어지는 물줄기를 아래쪽에서 바라볼 때에는 위압감이 밀려오지만, 마주보면서 폭포의 전체 모습을 바라보는 것은 또 다른 탄성이 절로 나오게 합니다. 여러 단계를 거치면서 떨어지는 폭포가 만들어내는 모습과 폭포의 너비가 주는 위용으로 경탄과 놀라움이 여전하여, 나의 감정과 느낌이 얼마나 변덕스럽고 신뢰할 수 없는지 새삼 깨닫습니다. 두 번은 말할 것 없고, 앞으로 몇 번을 더 보아도 감흥이 작아지지 않을 게 분명합니다.

| 저렴하고 맛있게 먹은 점심식사

기사분이 점심 먹을 곳으로 브라질의 뷔페식당을 추천해줍니다. 조금 멀리 가면 깨끗한 식당이 있지만, 가깝고 비싸지 않은 곳에 가는 것으로 결정했습니다. 허름하지만 실속있는 맛집입니다. 갈비찜, 닭볶음, 닭 튀김과 몇 종류의 파스타와 콩 삶은 것들이 나옵니다. 맛도 입맛에 맞았고 가격도 마음에 들었는데, 여행 중인 한국 청년은 비싼 점심이라고 합니다. 그는 한 끼에 오천 원이 넘지 않도록 상한선을 정해서 여행을 하고 있습니다. 적은 비용으로 많은 것을 보려면 먹는 것도 아껴야 될 것입니다.

| 다사베스 새 공원

식사 후에는 열대 우림에 서식하는 새들을 모아 놓은 다사베스 새 공원에 갔습니다. 무분별한 개발로 인하여 열대 우림이 파괴되면서, 개체수가 줄어드는 동물들을 보존하려는 노력의 일환으로 만든 공원이라고 합니다. 여러 색깔의 플라밍고, 독수리, 이구아나, 브라질을 상징하는 화려한 큰 앵무새 아라라를 비롯하여 다양한 원색의 앵무새, 이름이 생각나지도 않는 새들도 보고, 새 날개가 펼쳐져 있는 모형 앞에서 새가 된 기분으로 날개의 앞쪽과 뒷쪽에서 기념사진을 찍었습니다. 한 시간 가량을 관람한 후에 상파울루에서 환승하여 히우 지 자네이루에 가는 것으로 오늘의 일정을 마치기로 했습니다.

서른아홉번째 날

7. 2 히우 지 자네이루 1

히우 지 자네이루(Rio de Janeiro) – 지 아수까르(빵산) – 세라론의 계단 – 대성당 – 오페라극장 – 예수 상 – 이파네마 해변 – 코파카바나 해변

직항이었던 비행 일정에 경유지가 끼어들더니 급기야 당초보다 두 시간 넘게 연착되면서, 새벽 두 시경에 겨우 숙소에 도착했습니다. 그나마도 택시 기사가 텅 빈 도심을 한국의 총알 택시보다 빠르게 내달려서 그 시간에 도착할 수 있었습니다. 늦은 아침을 들고 10시부터 포르투갈어로 히우 지 자네이루(Rio de Janeiro), 우리에게 익숙한 이름은 리우 데 자네이루 시내를 둘러보는 하루입니다.

1502년 포르투갈 출신 항해사 가르파르지레무스가 상륙했을 때, 이 곳을 강어귀로 착각하고, 1월의 강이라는 뜻의 Rio(river), Janeiro(January)라고 명명했습니다. 사실 이곳은 바다이니 Mar de Janeiro(1월의 바다)라고 불리워져야 하는 곳입니다. '아름다운 도시' 라는 별명도 가졌습니다. 이방인으로서 더구나 2~3일 머무르는 자가 여행한 나라나 도시에 대하여 말하는 것은 단편적이고, 주관적이어서 말하는 것 자체가 어설프고 주제 넘은 것이 될 수 있지만 여행자

| 해변에서 본 빵산의 모습

는 자기의 느낌이나 인상을 표현할 자유가 있습니다.

히우의 인구는 6백만 명이며 인근 지역까지 합치면 천만이 사는 도시입니다. 곳곳에 야트막한 산들도 보이고, 도시의 동남쪽으로 바다를 접하고 있어, 현지 가이드 말로는 해변이 일곱 군데나 있다고 합니다. 여섯 군데의 해변은 하얀색 모래이고, 빵산 앞의 해변은 붉은색의 모래랍니다. 모래 색깔이 어떻게 붉은색일 수 있을까 의아했는데, 케이블카를 타고 빵산의 정상에 올라보니 그 쪽 바닷가의 해변은 온통 붉은색으로 보입니다.

빵산(Pao de Agucar)은 리우를 상징하는 두 번째 아이콘으로 '산의 모습이 제빵용 설탕 덩어리처럼 생겼다' 하여 붙여진 이름입니다. 우리나라 진안에 있는 마이산과 비슷한 모습입니다. 산 정상에 올라보니 사방팔방으로 비경이 펼쳐집니다. 짙푸른 바다에 떠있는 수많은 요트들, 바다를 바라보고 만에 자리 잡은 현대식 빌딩 숲들, 활처럼 휘어진 해안선, 배경으로 둘러선 초록빛 산, 하늘에 떠있는 흰 구름과 옅은 푸른색 하늘이 어우러져 만들어내는 풍광이 산 정상에서 보면 한눈에 들어옵니다. 리우를 왜 세계 삼대 미항이라고 하는지 쉽게 고개가 끄덕여지며 명불허전입니다. 어디서나 사진을 찍어도 작품 그 자체입니다. 산 정상 밑에 산책길을 만들어, 어느 자리에서도 히우의 멋진 풍광을 여유롭게 감상할 수 있도록 곳곳에 휴게 공간을 배치하였습니다. 일몰을 보는 명소이면서, 코르코바두의 예수상과 더불어 리우의 간판이라고 부를 수 있습니다.

| 빵산에 본 바다 절경

멋진 자연의 모습을 보았으니 이제는 인간이 만든 작품을 감상할 차례입니다. 칠레 예술가인 호르헤 세라론이 언덕배기 마을에 강렬한 붉은색과 브라질 국기 색깔 등의 타일을 활용하여 마을로 오르는 계단을 장식하였습니다. 브라질의 밝고 청명한 자연의 모습과 잘 어울려 도시의 미를 더하는 데 한몫합니다. 그는 예술가이자 여행가로서 히우 지 자네이루의 아름다움에 심취해 빈민가 마을에 정착했습니다. 자신이 머문 공간에 대한 사랑을 표현하고자, 마을을 타일로 아

름답게 꾸몄습니다. 지저분한 골목의 계단들이 형형색색의 예술 공간으로 변한 것입니다. 예술가 한 사람의 생각이 도시에 아름다움을 더하고 매력있는 곳으로 만들어 사람들을 불러모읍니다. 창의적인 한 사람의 생각이 도시를 바꿀 수 있음을 실감합니다.

| 세라론이 붉은색의 타일로 장식한 골목

예술가 세라론이 가장 많이 그린 그림은 임신한 사람입니다. 남자나 여자나 배가 불뚝 튀어나온 사람들이 그려진 타일을 여러 장 보았습니다. 임신은 풍요이고, 새 생명이 태어나기 위한 과정이라고 생각해서 예술가의 주요 모티브가 된 게 아닐까요?

점심은 음식 종류를 가리지 않고, 무게로 값을 계산하는 식당에 갔습니다. 가이드는 안심인 필레미뇽이 맛있는 부위라고 꼭 맛볼 것을 추천합니다. 기대가 커서인지, 한국에서 먹었던 안심보다 훨씬 맛있게 느껴지지는 않습니다.

식후에는 1976년 완공되었다는 메트로폴리따나 성당에 갔습니다. 지금까지 보아온 성당은 수백 년이 넘어 고색창연하고, 대리석과 화강암을 주로 사용하였는데, 이 성당은 시멘트를 건축 재료로 이용하였고 외양은 멕시코의 피라미드를 본 떠 건축해 놨습니다. 시멘트 구조물이고 최근에 건축되었지만, 오래된 성당에서의 엄숙함과 어느 정도의 위압감이 느껴집니다. 높이가 80m이고, 지름이 106m나 되는 건물의 천장에는 투명한 유리로, 원뿔형의 사방에는 스테인드글라스를 이용하여 자연 채광이 되도록 한 것도 돋보입니다. 설계자의 안목과 예술가로서의 역량을 느낄 수 있는 건축물입니다.

| 메트로폴리따나 성당 내부

지금까지 거쳐온 국가들이 모두 에스파냐의 식민지였다면, 이곳 브라질은 포르투갈의 식민지였습니다. 그러나 도시를 건설하는 형태는 비슷합니다. 도심에 광장이 있고, 성당이나, 시청사들을 만드는 식입

니다. 히우의 중심에 있는 시립극장, 국립미술관, 시 입법부 건물 등은 대충 훑고 지나갔습니다. 세상에서 가장 큰 아이콘 중 하나이며, 신세계 7대 불가사의 중 하나인 예수상을 보러 케이블카를 타고 코르코바두 언덕에 올랐습니다. 코르코바두는 '곱사등'이라는 뜻입니다. 예수상이 있는 곳의 지형적 특징을 나타내는 말입니다.

| 코르코바두 언덕의 예수상

예수상을 보러 많은 사람들이 몰려듭니다. 공간은 좁은데 사람이 많아, 사진을 찍으면 단체 사진이 됩니다. 예수상이 불가사의가 되려면 '상으로 인하여 기적이 발생하였든지 무언가 특별한 이적이 일어나야 하지 않을까' 하는 생각이 나만의 의문일까요? 예수상의 외형적인 크기와 모습만으로 세계 7대 불가사의 중 하나가 되었다는 것이 아

둔한 나로서는 이해가 안 되지만, 인파는 많이 밀려듭니다. 예수상과 같은 포즈를 취하고 사진을 찍는 모습이 곳곳에서 연출됩니다. 이곳에서 보는 히우의 모습도 빵산에서 본 모습과 비슷하게 미항의 모습을 아낌없이 보여줍니다.

언덕을 내려와 '이파네마의 소녀'라는 노래 때문에 가장 낭만적인 해변으로 알려진 이파네마 해변과 코파카바나 해변을 거쳤으니 리우 구경은 할 만큼 했습니다. 이파네마 해변은 부산 광안리 해변 같은 곳으로 '새로운 경향'이라는 뜻의 보사노바 음악이 태어나면서 더욱 유명해진 곳입니다. 이러한 분위기에 편승하여, 노래도 비틀즈의 Yesterday 다음으로 많이 녹음된 곡이라고 합니다.

"저길 봐, 세상에서 제일 아름답고 누구보다도 우아함으로 가득찬 바

| 이파네마의 소녀

로 그녀, 매일 이 바닷가를 달콤하게 흔들리는 걸음걸이로 왔다가 가는 저 소녀!"_「이파네마의 소녀」의 첫 소절이 아직도 귀에 쟁쟁하네요.

만찬은 브라질 전통 바비큐 요리인 슈하스코를 파는 식당에 갔습니다. 소고기, 돼지고기, 닭고기 등을 쇠꼬챙이에 꿰어 숯불에 돌려가며 구운 요리로서 손님이 멈추라고 할 때까지 고기를 끝없이 제공합니다. 오찬과 만찬으로 고기를 양껏 먹은 날입니다.

숙소로 돌아오려고 핸드폰을 보고 있는데, '지나가는 사람들로부터 날치기를 당할 수 있다'는 경고를 여러 번 들었습니다. 치안이 생각 이상으로 안전하지 않은 도시인 모양입니다.

마흔번째 날

7. 3 히우 지 자네이루 2

히우 지 자네이루 : Lage 공원, 벼룩시장

오늘은 보너스로 주어진 날입니다. 브라질 정부의 정책 변경으로 코로나 검사가 필요치 않아, 자유롭게 쓸 수 있는 하루가 생긴 것입니다. 도시 사정에 밝지 않은 나로서는 여유 일정의 활용에 대하여 현지 가이드의 도움을 요청했는데, 히우의 숲이 좋으니 숲길 산책을 추천해줍니다.

구글링 해보니 식물원과 공원을 다녀볼 만한 곳으로 많이들 추천합니다. 식사하면서 윤 선배 내외와 이야기를 나누어 보니 특별한 일정이 없습니다. 다행스럽게 같이 가는 것으로 동참해 주어서, 방짝을 포함 네 명이 Lage 공원을 가기로 했습니다. 숙소에서부터 6.8km 거리이니 갈 때는 걸어서, 올 때는 차를 타면 좋을 것 같습니다. 바쁘게 서둘러 가야 할 필요도 없고, 시내를 구경삼아 걸어 다닌다면 히우를 더 알 수 있을 것 같습니다. 사부작사부작 걸어보니, 어제 지나

온 곳들이 조금씩 눈에 들어옵니다.

빵산을 지나 공원을 향하여 조금 더 걸어가니, 이곳 원주민들이 '생명의 열매'라 부르는 아사이베리를 파는 전문 가게가 보입니다. 브라질에서 필히 먹어야 할 음식 중의 하나로서, 길거리에서보다 전문점에서 먹는 것이 좋을 것 같습니다. 가게에 들어가 보니 실내 디자인도 보라색을 주로 활용하였고, 근무복도 보라색 일색입니다. 곡물류와 꿀 등을 추가할 수 있었지만, 가능한 한 본연의 맛을 보기 위하여 다른 것을 첨가하지 않고 아사이베리만 주문하였습니다.

| 아사이베리와 몇 잎 먹은 샌드위치

보라색의 아사이베리 분말을 샤베트처럼 만들었는데, 시원하면서 달지 않아 내 입맛에는 딱 맞습니다. 다른 곡물류도 첨가하여 먹어보고, 옆 손님들이 빈대떡처럼 보이는 것을 먹으니 시장기가 돌아서 같은 것을 주문했습니다. 먹기 좋도록 음식을 적당한 크기로 나누어 주고 내용물도 충실했습니다. 만두처럼 계란과 토마토 등 야채 다진 것들을 안에 넣고 밀가루 반죽으로 감싸 만든 음식으로 올리브 오일과

약간 매콤한 소스를 넣어 먹었습니다. 충분한 한끼 식사입니다. 이제부터는 식후경을 즐기기로 했습니다.

| 공원 내부의 모습

공원에 도착하여 안내 지도를 보니, 공원 전체를 둘러보려면 시간도 부족하고 오면서 걸은 거리도 있어, 큰길을 따라 걷다가 3시경에 돌아오기로 하였습니다. 공원에는 큰 나무들의 숲도 있고, 오래된 성채의 흔적이나 석순이 있는 동굴들도 보여 한나절 구경거리로서는 충분합니다. 올 때는 어제 보았던 메트로폴리따나 성당을 더 보고 싶어 하는 윤 선배 내외를 위하여 택시를 타고 성당에 갔습니다. 바쁘게 보았던 어제의 모습보다 찬찬히 뜯어보니 더 아름답게 느껴집니다. 천장에 매달린 십자가는 십자가에 못 박힌 예수님을 상징하는 것처럼 보이고, 원추형 벽 사이의 사방에 있는 스테인드 글라스로 비춰지는 은은한 조명, 사방의 출입구 가까이 있는 조각품들도 성당의 분위기를 한층 더합니다.

대성당을 나와 조금 걸으니 벼룩시장이 보입니다. 이름에 걸맞게 잡다한 물건들을 팔고 있습니다. 흥미로운 것은 여기에도 레코드판이

| 우연히 마주친 벼룩시장

인기인지, 좌판에 중고 LP판이 많이 쌓여 있습니다. 구매자가 많이 있는지 여러 곳에서 판매하고 있습니다. 복고풍의 음악을 찾는 사람이 많다는 방증일까요? 기념품이랑, 옷가지 등이 널려 있었지만 구경만 하고 왔습니다. 숙소쪽으로 오는 길에 성당에서 빵을 파는 바자회가 열리고 있습니다. 천주교 신자인 윤선배 내외분이 이런 일은 도와주어야 한다면서 이것저것 주문해서 덕분에 신도들이 손수 만든 빵맛을 보았습니다. 전문가의 솜씨는 아니지만, 유익한 곳에 쓰려는 마음이 담겨있어서인지 맛도 괜찮았습니다.

브라질은 흥의 나라이고, 히우에서는 해마다 삼바 축제가 열리는 곳입니다. 재미있는 것도 여러 번 해봐야 진가를 알 수 있습니다. 해볼수록 흥미가 더해지는 것도 있고, 여러 번 하면 물리는 것도 있습니다. 지난 번 브라질에 와서 삼바 공연을 보았으나, 히우의 축제 기간이 끝났다고 하여 히우에서 브라질 춤과 음악을 경험해보지 않고 가는 것은 앙꼬없는 찐빵을 먹는 것과 같습니다. 일행들에게 흥청거리는 밤문화로 유명한 라파 지역에 가서 음악과 춤을 감상하면서, 이곳 분위기에 젖어 어울려 보아야 히우를 제대로 본 것이라고 말하는데도, 누구도 라파 지역을 가보고 싶어하는 분은 없습니다. 방짝에게 여러 번 설득해 보아도 미동도 안 합니다. '치안이 불안한 곳을 혼자서 가보는 것은 위험한 일'이라는 말에 그만 접고 말았습니다.

저녁을 먹기 위하여 구글링을 해서 맛집을 탐색해보니, 멀지 않은 곳에서 딤섬을 팝니다. 내용물로 버섯과 새우가 들어간 딤섬을 주문했는데, 만두피도 두껍고 속도 단단하게 뭉쳐 식감이 많이 떨어집니다. 이런 곳을 맛집이라 할 수는 없습니다. 구글에도 광고성 글이 많아서 맛집 탐방을 늘 성공할 수 없어 아쉬움이 큽니다. 오늘 밤이야말로 여행일정으로는 마지막 날입니다. 긴 기간이라 생각했는데, 지내고 보니 결코 길지 않게 느껴집니다. 여행 체질로 적응한 것일까요?

해보지 못한 것에 대한 미련 때문에 히우의 밤이 너무 아쉽고 길기만 합니다. "한 낮의 길거리에서 핸드폰을 날치기 당할 수 있다. 밤길을 혼자서는 나서지 말라"는 말을 듣는다면, 이방인들이 히우의 멋을 제대로 누리기는 쉽지 않을 것입니다. 생계가 어려워 생기는 일이고, 이런 일이 생겼다면 더 많은 사람들이 찾아오기 어려워지고, 사람들이 적게 오면 어렵게 사는 사람들이 늘어나는 악순환 구조가 자리 잡을까 염려됩니다. 먹이사슬의 선순환 구조가 자리잡아 철새들의 천국이 된 파라카스 섬들처럼, 히우도 선순환 구조가 뿌리내려 이곳 사람들도 여유로와지고 치안이 안정된 나라가 되면 좋겠다는 생각을 해봅니다.

마흔한번째 날

7. 4 상파울루

히우 지 자네이루- 상파울루

'독서는 앉아서 하는 여행이고, 여행은 돌아다니면서 하는 독서`입니다. 독서는 읽기를 통하여 간접적으로 새로운 것을 체험하고, 즐거움과 깨달음을 얻는 활동입니다. 여행은 보다 적극적으로 새로운 세계로 나아가 경험을 쌓는 일입니다. 경험이란 감각을 통한 깨달음이어서, 독서 같은 간접 경험이 줄 수 없는 더 큰 즐거움을 줄 수 있습니다. 코로나로 여행이 어려워지면서 '인터넷 또는 온라인'이라는 의미의 랜선에 여행이 더해져서 '랜선 여행'이라는 말이 새롭게 등장하였습니다. '랜선 여행'이란, 유투브를 통해 세계 각국을 구경하는 것을 말합니다. 특정 지역에 정통한 여행자가 전문 가이드의 역할을 하면서 그 여행지의 풍광을 보여주고, 해설을 덧붙여서 마치 시청자가 현장에 다녀온 것 같은 느낌을 제공하는 것입니다. 그러나, 아무리 좋은 시청각 장치의 도움을 받아 즐긴다 하여도 간접 경험에 지나지 않습니다.

최근에 손녀 덕분에 '아바타 2'라는 영화를 보았습니다. 영화관이 4D 상영관임을 강조하고, 관람료도 여느 영화에 비해 두 배 가까운 값을 지불하고 본 영화입니다. 4D란 입체 영상에 오감 체험을 더한 것으로 전후좌우로 움직이는 특수의자와 바람, 습기, 냄새를 뿌려주는 10여가지 특수효과로 화면속의 현실을 오감으로 느끼도록 하는 시스템입니다. 불편하게 특수 안경까지 착용하고 보았지만, 현실감과는 아직도 많은 차이가 느껴집니다.

우리가 본 이과수 폭포를 4D로 아무리 잘 구현하더라도 한계는 있습니다. 한눈에 볼 수 있는 규모의 웅장함, 거대한 자연 속에 일부로서 존재한다고 느껴지는 자연과의 일체감, 어떠한 음향 시설로도 흉내낼 수 없는 생생함, 가상의 세계가 줄 수 없는 현실감, 인공적인 것으로는 담아낼 수 없는 자연스러움, 소극적으로 받아들이는 것이 아니라 적극적으로 찾아 나서는 주도성 등에 있어서 간접 경험은 직접 경험을 따라올 수 없습니다. 그러므로 여행은 여전히 매력적이고, 기꺼이 주머니를 열라고 손짓합니다.

이번 여행을 함께한 열두 분은 43일의 일정으로 같은 곳을 다녀왔지만, 중남미 여행에서 얼마나 많은 독서를 했는지는 각자의 몫입니다. 오감을 어느 정도까지 예민하게 열어놓았는지, 지각의 순간을 놓치지 않으려고 노력했는지에 따라 독서량은 달라집니다.

그래도 적지 않은 대가를 지불했으니, 우리 각자는 걸어다니는 독서를 제법 한 셈입니다. 여행의 끝은 어디까지인가요? 여행은 '나그네가 되어 낯선 것을 경험하고, 자신을 발견하는 것'이라면, 이제 주인이 되어 익숙한 곳으로 돌아가는 일만 남았기 때문에 여행은 끝난 것입니다. 그러나 일정은 마무리된 것일까요? 공식적인 일정의 마무리는 귀국해서 동행들과 헤어지는 시점이니, 여행은 끝났지만 일정이 종쳤다고는 할 수 없습니다. 더구나 서울까지 가려면 이틀이 넘게 남았으니 보고, 듣고, 느낄 것들은 얼마든지 남아 있습니다.

7년 전에 브라질에 왔을 때, 이곳에 다시 오리라 생각치도 못했는데, 남미 여행을 버킷리스트에 넣어 두었던 것이 현실로 이루어졌습니다. 하고 싶은 것이 있을 땐 먼저 바람을 마음속으로 품고 키우다 보면 시간이 흐르면서 기대하는 결과를 얻을 기회가 생깁니다. 그러니 먼저 꿈을 가져야 합니다. 꿈이 없다면 얻는 것도 없습니다.

지난 번에 방문했어도 아주 짧은 기간이었고, 업무로 다녀왔기 때문에 도시를 피부로 느껴 보았다고 할 수는 없습니다. 상파울로에서 대기하는 시간이 7시간이나 되어서 공항 밖으로 나가 이곳의 분위기도 느껴보고, 도시 구경도 하고, 맛있는 것도 먹고 싶습니다. 시간이 충분하니 그렇게 하고 싶었는데 인솔자가 각서를 쓰라는 등 까탈을 부립니다. 여행 중에 무슨 일이 생기면 각자의 책임이지, 누구에게 책임을 지울 수 있는 것도 아닌데 위험한 도시로의 외출을 불안해합니다.

여행은 모험과 무모함의 경계를 헤쳐가는 것이니, 도사리고 있는 위험을 잘 인지해야 합니다. 자유는 항상 책임을 동반하는 것이고, 잘못되는 경우 대가를 스스로 지불하는 것입니다. 어차피 인생은 누군가 대신 살아 줄 수 없는 것이라면 자유롭게 선택하는 것을 고무하는 것이 바람직하지 않을까요? 사회생활의 마지막 4년을 학교 책임자가 되어서 일해 본 경험에 따르면, 사고가 날까 염려한다면 아이들이 체험해 볼 수 있는 것은 거의 없습니다. 위험의 가능성을 인식시키고, 대처요령을 가르친 다음에 아이들도 무엇인가를 해보고 배울 수 있도록 해야하지 않을까요?

어렸을 때 배운 것들에 대하여 나이가 들어서야 참뜻을 깨닫거나 가치의 소중함을 알게 되니 참 어리석다는 생각이 들면서 『우리가 알아야 할 것은 이미 유치원에서 배웠다』는 책이 떠오릅니다.

'제한된 공간 안에서 주어진 시간의 값은 얼마나 될까?' 시간의 절대량이 같다 하더라도 이를 소중하게 쓰는 사람에게는 공간의 제약에 무관하게 가치있는 시간이 될 것이고, 시간을 주체할 수 없는 사람에게는 아무리 많은 시간도 쓸모없이 흘러 보낼 것입니다. 인생이 시간의 누적이라고 하던데, 흘러 보낸 시간도 더해야겠지요.

마흔두번째 • 세번째 날

III. 대한민국 들어오기

토론토 – 인천 공항

인천 국제공항에 도착 예정시간은 11월22일 화요일 18시 25분입니다. 귀국을 위하여 출발한 히우 기준으로 시간을 환산해보면, 우리나라가 12시간 빠르기 때문에 같은 날인 22일 오전 6시 25분이 됩니다. 히우 시간으로 20일 아침에 출발하여 22일 새벽에 도착 예정이니 무려 이틀이 꼬박 걸리는 셈입니다. 지구 반대편에서 오려면 불가피한 소요 시간인지 알 수 없지만, 지구촌 시대에 놀랍게도 48시간 가까이 걸려 집에 가는 것은 아무래도 어울리지 않는 일입니다.

치안이 안전한 캐나다이고, 토론토를 처음 와 보는 도시라면 대기시간을 이용하여 이 곳의 분위기를 조금이라도 느껴보고 싶어 공항 밖으로 나가려했을 터인데, 이른 아침 시간이고 몇 번은 다녀간 도시여서 기를 쓰고 나가고 싶은 생각은 별로 없었습니다. 7시간 가까운 대기 시간을 마냥 죽치기보다는, 어느 만큼 유익하고 편안하게 시간을 활용하느냐가 일행들의 한결같은 숙제입니다.

| 포근한 휴식을 만들어 준 공항 라운지

 누군가가 라운지 이용권을 구매하면 휴식도 취할 수 있고, 식사도 가능하다는 정보를 알려주니 생소한 나로서는 마음이 끌립니다. 4만원이 안 되는 값으로 식사와 음료를 제공하며 3시간을 쉴 수 있습니다. 휴게 공간은 공항에서 대기하는 것보다 편안한 소파가 있고, 10불 정도의 비용을 추가로 지불하면 샤워도 가능합니다. 공항 면세점은 여러 군데를 거쳐 왔고 딱히 살 것도 없는데 면세점을 기웃기웃하는 것도 못할 일입니다. 시간을 죽이는 일도 간단한 일은 아닙니다. 좋은 생각일 것 같아 앱을 깔아 이용권을 구매하고 시간에 맞춰서 라운지에 들어갔습니다.

 라운지에서 그동안 써온 일지를 돌려보니 그 간의 일들이 영화의 장면처럼 스쳐 지나갑니다. 잡문이라도 시간을 내어 끄적거린 수고로움이 쓸모없는 시간은 아니었습니다. 며칠치를 두어 분에게 읽어 보도록 하였더니, "나머지 일정에 대한 기록도 보고 싶다."고 하면서 전체가 볼 수 있도록 카톡으로 올려 주길 바랍니다. 시간 죽이기 용 심

심풀이 땅콩으로 생각하고 있는지, 아니면 지나온 여행의 추억을 연기처럼 날려 보내지 않고, 다른 사람의 글이라도 보면서 소중하게 간직하고 싶은 바람이었을까요?

가족 외에도 잡문을 읽어 준다고 자원해주니, 어깨가 으쓱해지며 기분이 좋아졌습니다. 그럴 줄 알았으면 좀 더 성의 있게 글을 썼어야 되나 하는 생각도 들면서, 라파스에서 고산증으로 정신 없었던 날과 마추픽추의 바쁜 일정으로 기록을 마무리하지 못한 이틀 분을 추가하였습니다.

그간의 행적을 돌아보면서 더 보고, 배우고, 느낀 것도 보완하여 중남미 7국의 여행 기록을 완성하였습니다. 가족들에게 매일의 근황을 알리고, 더불어 같이하지 못한 여행에 간접적이나마 즐거움을 나누어 보겠다는 소박한 뜻으로 일지와 사진을 올렸었습니다. 여행지의 사진은 전문가들이 찍어 놓은 것들이 많고, 나이가 들어 주름진 얼굴의 모습도 보여주고 싶지도 않습니다. 멋진 풍경들을 더 많이 보고 마음속에 담아 두고 싶다는 생각까지 겹쳐져, 풍경 사진 몇 장이 고작이고 내 모습을 담는 일은 소홀히 하였습니다. 뒤늦게 안사람이 "당신이 담긴 사진을 보고 싶다."고 하길래, 더러 내 모습도 부탁하여 찍었습니다. 일지와 사진을 함께 올리다 보니, 미숙한 솜씨이지만 더 많은 사진이 있었다면 볼거리를 더 생생하게 나누어 주었을 터인데 하는 아쉬움이 뒤늦게 밀려듭니다.

동행한 윤 선배님의 카카오스토리가 여행일지 보완에 큰 도움이 되어 감사합니다. '세계는 넓고, 여행할 곳은 많습니다.' 여행을 마치면서 좀 더 풍성하고 즐거운 여행이 되려면 어떤 것들을 보완해야 했는지 생각해 보았습니다.

첫째, 나름 공부를 한다고 했지만 현지 일정과 연계된 정보가 부족했습니다. '아는 만큼 보입니다.' 몇 권의 책을 읽고 유튜브 등의 동영상을 보고, '이지남미+멕시코, 쿠바' 책자를 무겁게 가지고 갔지만, 매일 같이 진행되는 바쁜 일정으로 현장에서 활용도는 그리 높지 않았습니다. 널려 있는 많은 정보보다는 여행하는 곳과 관련된 압축된 정보가 필요했습니다. 폭 넓은 정보는 여행을 돌아보면서 두피디아(doopedia), 나무위키, 위키백과 등을 통해 많이 알게 되었습니다. 이러한 정보를 사전에 알고 있었다면 여행지에서의 효율적인 일정 수립과 여행의 맛을 더해 주었을 겁니다.

둘째, 여행 출발 전에 동행자들 간에 동료애를 다지고, 여행에 대한 보다 폭넓은 정보 교류와 학습의 기회가 있었으면 하는 아쉬움입니다. 서로가 데면데면 대하다가 여행을 시작하고 며칠이나 지나서야 인사를 나눈 것은 사전 만남의 기회가 없었던 것이 큰 요인이라 봅니다. 물론 멀리 전주에서 오신 분들이 계셔서 모두가 함께 자주 모일 수는 없더라도 서울 경기권이라도 사전 모임을 갖고 필요하면 줌을 활용한 회합도 가졌다면 좋았을 것입니다.

셋째, 여행 주선 기관이라고 할 수 있는 김00님과의 소통 창구가 없었던 점입니다. 단체가 되어 여행하는 것이기 때문에 공식적인 소통 채널이 있었으면 좋았을 것입니다. 인솔자는 실무자이기 때문에 재량권이 없고 현상유지 밖에는 다른 생각을 할 수 없습니다. 불만에 대한 의견 수렴과 가능한 조치들의 즉각적인 이행, 불가피한 사정이 있는 경우에는 납득할 만한 설명들이 있었다면 만족도가 훨씬 높은 여행이 되었을 것입니다.

덧붙여, 여행 주선 기관에 대한 아쉬움도 있습니다. 세일즈에서 고객을 확보하는데 가장 중요하게 생각하는 대상은 기존 고객입니다. '한 번 고객은 영원한 고객'이라는 생각으로 관리하고 살펴주었으면 좋았을 것입니다. 대표자를 선출하도록 하고, 매일의 일정에 대한 애로사항을 파악하여 관심을 갖고 여행의 즐거움이 배가되도록 노력하는 모습을 보여주어야 할 것입니다.

영리를 목적으로 하는 활동이기에 무한정으로 잘 해줄 수 없다는 것을 잘 알고 있습니다. 몇몇 도시에서 현지 가이드 없이 훑어보는 시티투어는 일정을 아예 없애든지, 볼 거라면 현지 전문가의 성의 있는 안내가 필요합니다. 또한 여행자로서 도저히 감내하기 어려운 숙소 선정은 지양해야 합니다. 도시나 국가 간 이동시 시간 낭비나 일정을 때우는 식의 시간 사용은 없는지도 살펴보면 좋겠습니다.

위와 같은 점들을 고려하여 차후에 같은 곳으로 여행을 하는 사람에게도 도움을 주고, 여행을 알선하는 분도 고객의 욕구를 잘 파악하여 일회성이 아니라 지속가능한 관계로 발전시켜 언제나 함께하고 싶은 동반자가 되기를 바랍니다.

마지막으로 여행 내내 같이한 분들께 감사드리며, 앞으로도 좋은 여행 일정 생기면 함께할 수 있기를 소망해 봅니다.

마무리 말

체 게바라(Che Guevara)는
'청춘은 여행이다'고 말했다.

먼 남미를 여행했으니,
나도 아직은 청춘이라고 강변해 본다.

43일은 한달 하고도 보름 가까운 제법 긴 시간이다. 허나, 우리나라 땅덩어리의 85배가 되는 브라질을 포함한 남미의 다섯 나라, 북미에 속하는 멕시코, 중미에 자리잡은 쿠바까지를 돌아보는 날수로는 턱없이 부족한 기간이다. 짧은 일정으로 너른 곳을 다니는 것은 점을 찍거나 수박 겉핥기 여행일 수밖에 없다. 입체적 조망을 한다는 것은 애초부터 기대하기 어렵다. 그렇다고 하여 낯선 곳에서 주구장창 묵을 수 없으니 많이 보고, 섬세하게 느끼고, 민감하게 받아들여 오랫동안 마음에 새기고 싶다. 와 닿는 느낌과 감동들, 떠오른 생각들도 붙잡으려 했다. 보잘것없는 채집이지만 같이하지 못한 가족들에게 미안함과 아쉬움으로 함께 나누고 싶어 시작한 여행일지 쓰기였다.
사진만으로는 설명할 수 없는 감상과 인상들도 여행 중에 느꼈던 즐거움과 행복했던 추억의 조각들이다. 이 모두가 시간이 지나가면 쉬이 휘발될 것이다. 품에 간직하고, 생각나면 언제나 꺼내 볼 수 있도록 여행의 누림을 온전하게 할 수 있다는 돌려보기로 여행일지를 보완하였다.

글을 다듬어 보니 여행지와 그 곳의 사람들이 더 가까이에 있다고 느껴지며, 내 마음에도 깊이 자리잡아 쉽사리 사라질 것 같지 않다. 다시 보고 싶고, 유혹하는 느낌까지도 새록새록 든다.

아내와 큰 딸, 친구 김희경의 격려와 특별히 중학교 카톡방에 여행일지를 매일 연재했을 때 보여준 동기들의 성원이 없었다면, 어설픈 개인의 체험을 책으로 만든다는 일은 엄두도 못 냈을 것이다. 잡문이라도 일생에 한 권의 책은 써 보아야 하지 않겠느냐는 헛된 욕심도 일조했다. 책 발간으로 한성(漢城)의 지가(紙價)가 오를지도 모르지만(?), 국가경제도 어렵다는데 종이 장사에게도 인쇄소에도 돈이 들어가니 국민경제에 일조할 수 있다는 자기합리화까지 하면서 벌인 일이다. 이 책이 남미로의 여행을 꿈꾸는 사람들에게 실행할 수 있는 용기를 주고, 여행 준비에 도움이 되는 정보가 되고, 여행의 즐거움을 더 할 수 있는 이야깃거리가 되었으면 좋겠다.

체 게바라(Che Guevara)는 '청춘은 여행이다'고 말했다. 먼 남미를 여행했으니, 나도 아직은 청춘이라고 강변해 본다. 여행으로 넓혀지고, 깨달음이 더해진 일상이 자리 잡히기를 바라면서…

잉카에서 탱고까지 라틴의 매혹에 빠지다
중남미 7개국 돌아보기

초판 인쇄	2025년 6월 25일
초판 발행	2025년 6월 30일
지은이	이형철
발행인	이형철
펴낸곳	큰꿈출판사
마케팅	플락 마케팅팀
편집	플락 편집팀
디자인	플락 디자인팀
주소	경기의왕시 안양판교로100, 104동 502호
전화	010-2243-6170
이메일	0212pass@naver.com
등록번호	제 2025-000008호
등록	2025년 4월 14 일

정가 15,000원

ISBN 979-11-993139-0-3

ⓒ 2025 큰꿈출판사

본 책의 저작권은 저자와 큰꿈출판사에 있으며, 저작권법에 따라 보호받습니다.
이 책의 전부 또는 일부를 무단 복제, 저장, 전송, 배포, 전시하거나 2차적
저작물로 이용하는 행위는 금지되어 있습니다.
이를 위반할 경우, 민형사상의 책임을 질 수 있습니다.